애
비

애비

김낙완 수필집

서 문

오래 살았다. 오래 살았을 뿐, 내세울 건 없다. 퇴임한 후에는 그야말로 밥만 축낸 인생이었다.

그런 나를 보듬어준 고마운 이들이 적지 않다. 가족이야 혈육이니 그런다고 치자. 가진 것도 없고, 인품이나 재주가 뛰어나지도 않은 나를 품는다는 것은, 쉬운 일이 아니다. 내가 그들에게 감사할 수밖에 없는 이유다.

먼저, 세 분의 스승이 떠오른다. 한경선, 백운순, 신해식 교수님이다. 그분들은 감성이 메마르고 글재주 없는 나의 손을 잡아 문학에 뿌리내리도록 도와주셨다. 어떻게 은혜를 갚아야 할지 모르겠다.

스승 같은 제자들이 다투듯이 뒤를 잇는다. '어벤져스 K' 고운주 님, '고문 기술자' 김선인 님과 백정미 님, '제자인 듯 제자 아닌 제자 같은' 김영자 님, '설원에 핀 인동초꽃' 최미재 님, '삼 남매는 용감하였다'의 김수정, 은정 자매님 그리고 '예쁜 공붓벌레 주치의' 전현순 님 등이다. 그들은 내게 하나같이 차고 넘치는 사랑을 주었다. 그런데 내가 준 것은, 민망해서 고개를 들 수 없을 정도다.

많은 분의 가르침과 성원에 힘입어 두 번째 수필집 《애비》를 펴낸다. 내 생애 다섯 번째 책이다. 책들을 통해 어설픈 내 생의 흔적이 희미하게나마 그려진 듯하다. 부끄럽기도 하고 뿌듯하기도 하다.

앞으로도 힘닿는 대로 글을 쓰고 싶다. 세 번째 수필집을 펴낼지, 아니면 유고집이 될지는 모르겠다. 내가 못 하면 아이들 몫이다.

돌이켜보니 참 행복하게 살았다. 내 능력과 인품에 비추어 턱없는 복을 누렸다. 당연히 많은 빚을 남기는 셈이다. 그저 감사하고 미안할 따름이다.

세 딸과 사위 그리고 다섯 손주에게 감사한다. 그들은 내게 기쁨과 위안이었고 살아낼 원동력이었다.

착하고 예쁘며 매력이 넘치던 집사람 영전에 이 책을 바친다. 올해가 소천 10년째다. 그는 내 인생의 질반이있다. 나를 문학으로 이끈 것도 그였다. 아내와의 아름다운 인연이 내 인생의 정점이었다.

아, 지금 보잘것없는 내 글을 읽고 있는 당신이 얼마나 아름다운가! 따뜻한 인정을 가슴에 곱게 간직한다. 당신의 찬란한 인생을 위해 함께 축배를 들자.

2024. 10.
김낙완

차 례

서문　　　　　　　　　　　　4

1부
닭서리

모찌나 당고　　　　　　　　13
팔자에 없는 가정교사　　　　17
화려한 외출　　　　　　　　22
무지개 걸린 뜨락　　　　　　27
눈깔 빼기　　　　　　　　　32
식당에서　　　　　　　　　　35
가을은 참 예쁘다　　　　　　40
닭서리　　　　　　　　　　　45
은빛 종소리에 실려 온 선물　　50
춥지만 따뜻한 겨울　　　　　55

2부

사랑한다는 것은

말썽꾸러기들에게서 길을 찾다	63
일당백	69
애비	73
작지만, 작지 않은 미션	77
중바위 가는 길섶	82
삼 남매는 용감하였다	87
어쩌다 여기까지 왔을까?	94
계묘년 연말 어느 멋진 날에	100
사랑한다는 것은	105
밍크코트	110

3부

인동초

남원 5일장	117
아직 안 갔어?	121
은파銀波의 물빛을 거닐다	125
또 한 번의 잊지 못할 드라이브	130
인동초, 싹을 틔우다	134
인동초, 꽃봉오리 맺다	139
인동초, 꽃을 활짝 피우다	144
인동초, 고향으로 돌아오다	149
이끼 낀 돌담 앞에서	154
나비로 날다	161

4부
글에서 길을 찾다

맨땅에 헤딩	169
스무고개를 넘다	174
결초보은하다	179
글에서 길을 찾다	184
어느 특별한 외출	189
돈 벌기 싫어요	196
작지만, 작지 않은 축제	201
천당 가고 싶지 않아요	207
고양이, 무대에 서다	210
정글을 헤쳐나가듯 지뢰밭을 밟아가듯	215

5부

또 한 번의 달콤한 고문

야, 이 도둑놈들아!	223
세상이 쓸쓸해지다	228
그까이꺼 뭐, 그냥 대―충	235
반납을 고려해 보시기 바랍니다	240
또 한 번의 달콤한 고문	245
미안해, 대한민국!	250
삶이 시들해질 때면	253
바나힐에서 흑맥주 한 잔을	258
어쩌다가 반장	265
앤디 워홀과 함께 쫑파티를	269

1부
닭서리

셋째 손자 김재성의 고등학교 때 작품

모찌나 당고

애틋하고 가슴 저미는 추억 하나가 얼굴을 내민다. 동시에 말할 수 없는 행복이 밀려온다. 가슴 아리는 행복이라고 할까, 행복한 아픔이라고 할까? 아무튼, 마음이 착잡해진다. 한바눈이 쏟아지거나 몹시 추운 겨울밤이면 으레 겪는 일이다.

내 고향은 해변에서 멀지 않은 곳이다. 예나 지금이나 눈이 많이 내린다. 요즈음에는 덜 하지만 예전에는 발목까지 내리는 일이 다반사고, 무릎까지 쌓이는 일도 적지 않았다. 하염없이 내리는 눈을 보노라면 마냥 좋았다. 눈이 내리면 기분이 들뜨기도 하고, 때로는 우수에 젖기도 하며, 한없이 걷고 싶어지기도 했다. 특히 밤에 눈이 내리면 좋았는데, 거기에는 그럴만한 까닭이 있었다.

눈이 펑펑 내리는 밤이면 아버지께서 유난히 간식을 찾으셨다. 주로 모찌나 당고에 젠자이를 즐겨 드셨다.

　모찌, 당고, 젠자이는 일본식 간식거리다. 모찌는 찹쌀을 쪄 빚은 떡이다. 동그랗고 납작하게 빚어 그냥 먹기도 하지만 팥소를 넣기도 한다. 당고는 우리네 팥죽에 넣는 새알처럼 동그랗게 빚은 모찌 겉면에 팥고물을 입힌 떡이다. 젠자이는 단팥죽이다. 우리 팥죽과 달리 소금이나 설탕을 넣어 엄청 달다.

　아버지 간식 심부름은 우리 형제들 몫이었다. 다른 심부름과 달리 이것은 우리끼리 경쟁이 심하였다. 아버지께서 간식을 조금씩 남기셨는데, 그것은 심부름한 사람의 몫이기 때문이었다. 그 시절 우리에게는 흔히 맛볼 수 없는 별미 중 별미였다. 발이 눈 속에 푹푹 빠지고 눈보라가 얼굴을 세차게 때려도 오가는 길은 행복하기만 했었다.

　내가 고향을 떠난 것은 고등학교 시절부터였다. 생애 처음으로 가족의 품을 벗어난 것이다. 처음 얼마 동안은 하숙 생활이 낯설어 마음고생이 심했다. 첫 한 달은 얼마나 지루하고 외로웠는지 모른다. 고향을 그리워하며 몇 차례 눈물을 글썽거리기도 하였다.

　하숙 생활은 늘 춥고 배고팠다. 열일곱 나이는 돌도 소화 시킬 정도였다. 먹어도, 먹어도 배가 고팠다. 어느 날은 저녁을 먹고 일어나며 나도 모르게 "아, 배고프다."라는 말이 흘러나왔다. 하숙집 아주머니가 "야, 이 녀석아! 하숙비 쌀 여섯 말 받아 하루 세끼 먹여주고 연탄불 때주고 전기세 수도세 내면 남는 게 별로 없어. 나도 먹고 살아야지. 너희들 배부르게 못 먹여줘." 하며 눈을 흘기셨다.

　자정이 가까워질 무렵이면 배가 고프다 못해 복통이 느껴지곤 했다.

그렇다고 공부를 포기하고 잘 수도 없어 배를 움켜쥐며 책과 씨름하였다. 그런 밤이면 서글퍼지고 고향 생각에 빠져들곤 하였다. 초등학교, 중학교 시절 밤참을 배불리 먹던 추억을 불러내어 헛배를 채우고 설움을 달랬었다.

 하숙 생활에 차츰 적응해 가며 곧 아무 문제 없이 잘 지내게 되었다. 그러던 첫해 겨울 어느 날, 함박눈이 펑펑 쏟아지는 한밤중에 책에 머리를 박고 공부에 열중하고 있었다. 그런데 멀리서 들릴 듯 말듯 남자의 애조 띤 목소리가 들려왔다. 왠지 모르게 슬픈 그 가락은 일정한 리듬이 있었다. 목소리가 차츰 가까워졌다. 귀를 쫑긋하고 기울였다. "모찌나- 당고, 당고나- 모찌"라고 외치는 소리였다. 길게 늘어 빼는 남자의 구슬픈 목소리는 한동안 잊고 지내던 고향에 대한 향수에 불을 지폈다. 밤마다 들려오던 그 소리는 평생 잊지 못할 추억으로 내 가슴에 새겨졌다.

 집에서 보내준 용돈이 두둑한 날이면 룸메이트와 함께 당고와 모찌를 맛볼 수 있었다. 머리 위로 쏟아지는 눈을 맞으며 먹던 그 달달한 맛이라니…. 지금 생각해도 심장이 멎을 듯하다.

 고등학교를 졸업한 후 어느 때부터인가 밤중에 모찌와 당고를 팔던 풍경이 시나브로 사라졌다. 자연히 추억도 기억 속에서 멀어져 갔다. 그러던 내 나이 삼십 대에 서울 나들이 중 동대문 부근에서 모찌와 당고를 파는 장사꾼을 만난 일이 있었다. 두부 장수가 매던 것과 비슷한 지게며 네모난 나무 상자와 그 안에 담긴 모찌와 당고, 모두 옛 모습 그대로였다. 고향 까치를 만난 것만큼이나 반가웠다. 체면 불고하고 길

한복판에서 실컷 사 먹었다. 그것이 일본식 모찌와 당고를 맛본 마지막이었다.

지금도 눈이 많이 내리거나 몹시 추운 날이면 당고나 모찌에 대한 여러 추억이 떠오른다. 설레는 마음 안고 눈보라 속을 오가던 길이며, 심부름 몫을 먹으며 황홀한 행복에 젖던 일이 어제 일인 양 눈앞에 어른거린다. 또한, 아버지 품에서 세상 물정 모르고 따뜻하고 배부르게 지내던 어린 시절도 주마등처럼 흘러간다.

가슴 시리게 그리운 것이 어디 한둘일까? 그중에서도 고등학교 시절, 겨울 한밤중에 고요를 깨며 들려오던 그 소리가 무엇보다 그립다. 마치 에밀레종소리처럼 가슴 저미던 "모찌나— 당고, 당고나— 모찌", 그 애잔한 소리 말이다. 한겨울에 하숙집 근처를 오가던 중년 사내의 절규 같은 가락이 반세기가 지난 지금도 귓전에 아련히 울려온다. 눈이 펑펑 쏟아지거나 몹시 추운 밤이면….

팔자에 없는 가정교사

　고등학교 2학년 첫날이었다. 마음을 단단히 먹고 주먹을 불끈 쥔 채 서둘러 등교하였다. 교실에 들어서자 분위기가 싸했다. '왜 그러지?' 대개는 삼삼오오 모여 들뜬 채 웅성거리기 십상일 텐데…. 설간저럼 조용하고 모두 납작 엎드려 책에 머리를 박고 있었다. 한 번도 본 일이 없는 풍경이었다.
　어리둥절해하는 나를 보고 짝꿍 친구가 손으로 뒤를 가리켰다. 낯선 듯 낯설지 않은 얼굴 하나가 보였다. 아니, 당시 우리 학교 '전설의 주먹'이 앉아 있는 게 아닌가! 그에 대한 무용담은 신화요 전설이며 드라마였다. '주먹 한 방에 덩치 큰 상대가 10m쯤 날아 떨어졌다.'라든가, '싸울 때 주먹을 두 번 낸 일이 없다.'든지, '혼자서 열 명을 단숨에 쓰러뜨렸다.'라는 등 믿을 수 없는 이야기들이 수도 없이 떠돌아다녔다.

그런데 그는 우리 일 년 선배였다. 지금 3학년 교실에 있어야 할 사람이 여기에는 도대체 무슨 일로 와 있는 것일까? 친구도 모른단다. 나만이 아니라 친구 모두가 전전긍긍하는 눈치였다.

조회시간이 되어 미스터리가 풀렸다. 담임선생님 말씀에 의하면 선배가 한 학년을 꿇어 우리와 동급생이 되었다는 것이다. 그런데 그런 일이 왜 일어났는지는 설명해주시지 않아 알 수 없었다. 하필 왜 우리 반으로 배정되었을까? 앞으로 일 년을 어떻게 지낼까? 두려움이 교실 가득 밀려오는 듯했다. 과묵한 선배의 성품이 그를 더욱 두렵게 하였고 교실을 무겁게 만들었다.

그 대신 좋은 점이 생겼다. 학습 분위기가 좋아졌다. 수업시간과 쉬는 시간에 시끄럽게 떠든다든지 장난치는 친구가 없어졌다. 특히 건들건들하며 볼썽사납던 친구들이 하나같이 샌님이 되었다. 교실이 아니라 조용한 도서관 같았다. 다들 숨도 조용조용히 쉬는 듯했다.

그렇게 한 달이 지난 어느 날 점심시간이었다. 점심을 일찍 먹고 책을 보고 있는데 누군가가 내 어깨를 툭 치는 것이었다. 올려다보니 그 선배가 따라오라고 손짓하는 게 보였다. 가슴이 철렁했다. 아무리 생각해보아도 잘못한 것이 생각나지 않았다. 애써 진정하며 따라가는데 본관을 벗어나 강당 뒤편으로 가는 것이 아닌가. 얼굴이 하얘졌다. '금방 먹은 점심이 제삿밥이었구나' 하는 생각이 들었다.

걸음을 멈추고 단둘이 마주하였다. 아마도 부들부들 떨고 있었지 않았나 싶다. 그런데 뜻밖에도 '내가 공부를 해보려 해도 모르는 게 너무 많아 힘드니, 내 가정교사가 되어주면 안 되겠냐?' 하는 것이었다.

우선은 맞지 않는다고 생각하니 안심이 되었다. 시간을 뺏기는 것이 마음에 걸리긴 했지만, 동급생이라 복습하는 셈 치면 괜찮겠다 싶어 부모님과 의논도 하지 않은 채 엉겁결에 허락해버렸다. 심 봉사가 공양미 삼백 석을 덥석 시주해버리듯이…. 그렇게 팔자에 없던 가정교사 체험이 시작되었다. 소문이 금방 학교 구석구석에 퍼졌다.

친구들이 나를 대하는 태도가 확 달라졌다. 어떤 친구는 반 공대말을 하기도 하였다. 특히 주먹 좀 쓴다는 애들의 태도가 많이 달라졌다. 선배와 함께하는 등하굣길은 개선장군까지는 아니더라도 웬만한 행차길 같았다. 그 당시 남학생들 사이에서는 누가 공부를 제일 잘하느냐는 것보다는, 누구 주먹이 제일 세느냐가 더 뜨거운 화젯거리였다.

막상 함께 생활해 보니 선배는 그때까지 내가 알고 있던 사람과 사뭇 달랐다. 점잖고 분별력이 뚜렷하며 성품이 착해 보였다. 봄버들가지처럼 부드럽기도 하였다. 지금까지 우리가 알고 있었던 무용담은 도대체 어찌 된 일이있을까 궁금할 정도였다. 머리도 좋았나. 설명하면 금방 알아들었고 학업 성적도 비 온 뒤 죽순 자라듯 쑥쑥 올라갔다.

도대체 이런 사람이 어쩌다가 주먹세계의 전설이 되었는지 알다가도 모를 일이었다. 들어보니 중학교 입학할 때까지만 해도 주먹세계와는 거리가 멀었고, 공부를 잘해서 모두의 기대를 한 몸에 받기도 했단다. 문제는 나이에 비해 덩치가 크고 힘이 장사라는 점이었다. 운동 삼아서 시작한 유도도 문제였다. 머리가 좋고 몸이 건장하니 실력이 일취월장하여 상대가 없을 정도였다. 자연히 주변에 주먹들이 모이고 본인의 의사와 달리 어느덧 보스가 되어버렸다.

실제로 싸운 일도 많지는 않았단다. 몇 번의 싸움에서 믿기지 않을 정도의 실력을 발휘하였고, 일약 스타가 되었다. 어린 마음에 우쭐거리는 마음도 있었을 것이고, 친구들이 떠받들다 보니 어쩔 수 없이 '주먹의 전설'이 되어버린 것이었다.

그렇지만 기본 실력이 있어 가까스로 고등학교 입학시험에 합격하였다. 그러나 중학교와 고등학교는 수준이 천지 차이라 힘들었다. 마음을 잡고 공부하려 해도 추종자들 때문에 손을 씻기도 어려웠다. 궁리 끝에 담임선생님과 의논해서 한 해 낙제를 선택한 것이었다.

낙제 후 혼자 공부하기가 너무 어려워 끙끙대다가 동급생 가정교사를 두기로 마음먹고 부모님의 허락을 받았다. 한 달 동안 물색한 결과, 나를 낙점한 것이다. 내 성적이 최고는 아니었지만, 성품이 마음에 들었단다.

선배의 부모님과 가족은 막내아들의 가정교사를 기대 이상으로 환대해 주었다. 돌이켜 보면 말썽꾸러기 아들이 마음을 잡고 공부를 한다니 얼마나 기뻤겠는가. 집안의 근심 하나가 해결되었으니 말이다. 누구도 휘어잡지 못한 아들을 내가 맡아 새사람을 만든다고 생각하시는 것 같았다.

1년간의 가정교사는 나름 재미있었고 보람도 컸다. 밤늦게까지 공부하였고, 어떤 날은 밤을 하얗게 새우기도 하였다. 밤새 불이 켜진 우리 방을 보면서 부모님은 더할 나위 없이 기쁘다고 말씀하시곤 하였다.

추억도 많이 쌓였다. 그중에 최고는 밤중에 마당을 가로질러 부엌으로 들어가 밤참을 먹던 일이다. 어느 날은, 밤참을 먹으려고 방을 나서는데 함박눈이 펑펑 쏟아지고 있었다. 뜻밖의 아름다운 정경에 그만 탄성이 절로 나왔다. 우리를 축복하기 위해 내리는 것만 같았다. 눈이 발목까지 잠기던 마당을 지나 먹던 밤참이라니….

고등학교 1, 2학년 학생이라면 덩치 큰 아이일 뿐인데, 자신의 삶을 살피고 인생행로를 새롭게 설정한 선배의 결단이 지금 생각해도 대견스럽다. 그것도 숱한 친구와 후배의 떠받듦을 받던 자리를 스스로 떨치고 나온다는 것이 쉽지 않았을 텐데 말이다.

선배와 소식이 끊긴 지 오래다. 언젠가 꼭 다시 만나 누구보다 치열하고 멋지게 살았던 고등학교 시절을 안주 삼아 막걸리 한 잔 잘 대접해 드리고 싶다. 곧 춘분이다. 나뭇가지마다 맺힌 꽃망울에서 풋풋했던 우리들의 옛 모습을 본다.

화려한 외출

 꽃마차 타고 봄나들이 나섰다. 삼천 천변 벚꽃 구경 가자는 막내딸의 고운 손도 뿌리친 나들이다. 하늘이 너무 맑고 눈부셔 잔인한, 4월의 첫날 주말이었다. 호남고속도로가 뻥 뚫려 가슴마저 시원했다. 도로변에는 끊어질 듯 이어지는 흐드러진 벚꽃이며, 개나리, 조팝나무가 붉고 노랗고 하얗게 내 마음을 물들이는 듯했다.
 꽃길을 달리면서 오랜만에 그의 근황을 들었다. 화사한 꽃과 청명한 날씨보다 더 고운 그의 삶의 편린들이 꽃잎처럼 내 마음에 떨어졌다. 만날 때마다 나이 많은 내가 그에게서 인생을 배운다.
 행복 실은 꽃마차가 우당 고택에 이르렀다. 맨 먼저 그윽한 솔향이 나를 반겼다. 충북 보은 개안리에 자리한 고택은 3만 평의 대지에 가옥 규모가 134칸이란다. 입을 다물 수가 없었다. 1920년대 우리나라에서 제일 큰 민간가옥이었다는 말에 고개가 끄덕여졌다. 어마어마한 장독대에 한 번 더 놀랐다.

37번 국도를 타고 속리산 법주사로 향했다. 애틋한 추억들을 옛이야기처럼 담고 있는 길이다. 가족끼리, 직장 동료들과 함께, 때로는 다정한 친구와 함께 십여 차례 이상 오가던 곳이다. 그중에서도 줄곧 내 마음을 사로잡은 것은, 둘째 딸에 대한 기억이었다. 아이가 대학 시절 취업 준비를 위해 휴학한 후 속리산 고시촌에서 반년 남짓 공부한 일이 있었다. 딸을 깊은 산속에 남겨두고 떠나올 때의 애절했던 애비 마음이 길 위에 여전히 펼쳐져 있었다.

점심은 속리산에서 산채비빔밥을 먹기로 했다. 식당가 길가에 차를 주차하는데 공교롭게도 바로 옆이 이름도 반가운 '전주식당'이었다. 해물파전을 곁들이니 산해진미가 한 상 가득하였다. 동동주 한 잔을 생략하는 내 사정이 옥의 티였다.

법주사로 향하는 숲길은 차안此岸을 뒤로 하고, 피안을 향하는 구도의 길이었다. 얼굴을 간지럽히는 봄바람은 비단 스치듯 하고, 산새 노래와 계곡 물소리에 때 묻은 영혼을 씻어내렸다. 인파에 밀려가면서도 오롯이 홀로 걷는 기분이었다. 스님이 왜 깊은 산속에서 수도 정진하는가를 설핏 엿볼 수 있었다.

동행하는 그는, 중학교 수학여행에서 법주사를 방문한 것이 처음이자 마지막이라 했다. 그런데 그 시절의 기억을 더듬는 일이 쉽지 않은 듯 보였다. 거대한 금동미륵입상을 보고서야, 그의 흐릿했던 기억이 또렷해지는 듯 입가에 함박꽃이 피어났다.

내가 법주사 가이드를 자처하였다. 그곳은 국보가 셋이나 있는 사찰이다. 맨 먼저 제64호 석련지를 찾았다. 이것은 극락세계의 연꽃 연못을 상징한 석조물로 통일 신라 시대의 작품이다. 이어서 법주사에서 가장 많이 알려진 팔상전으로 발길을 옮겼다. 이곳은 국보 제55호이며, 석가모니의 일생을 여덟 단계로 나누어 그린 팔상도를 모신 목조 건축물로 유명하다. 국보 제5호인 쌍사자 석등을 관람한 다음 대웅보전을 비롯한 여러 건물을 꼼꼼히 둘러보았다. 어설픈 내 설명에 귀를 기울여주던 그의 진지한 태도는 꿈 많던 여고 시절의 모습 그대로였다.

아쉬움과 또 하나의 잊지 못할 추억을 법주사 뜨락에 내려놓고 발길을 돌렸다. 다음으로 찾은 곳은, 모습과 서사가 아름다운 정이품송이었다. 임금님의 가마가 지나갈 수 있도록 나뭇가지를 들어 올린 정이품송의 충절이 오백 년 세월을 넘어 지금도 우리의 메마른 가슴을 적셔 주고 있었다.

그 길 건너 카페로 향했다. 그의 회사 직원이 추천한 곳이라는데 규모가 크고 깔끔하였다. 뒤편의 호수가 특히 마음에 들었다. 눈이 호사를 누리는 동안 쉼 없이 울리는 맑은 풍경 소리가 심신의 피로를 달래주었다. 커피 향에 취하고, 그와의 대화에 취했다. 내 마음에 살이 오르고 윤기가 감돌았다.

인파 속 고요를 즐긴 후 옥천으로 향했다. 시인 정지용의 생가와 문학관 및 육영수 여사의 생가를 찾기 위해서였다. 그는 초행길이라 했다. 그의 눈빛이 설렘과 기쁨으로 가득했다.

옥천은 인간세계가 아닌 듯했다. 온통 꽃 천지요 꽃의 파노라마였다. 벚꽃길을 줄지어 걷는 이들의 얼굴이 하나같이 꽃처럼 환하게 피어나고 있었다. 사람이 꽃인지 꽃이 사람인지 헷갈릴 정도였다.

엉겁결에 문학에 발을 디딘 나에게 정지용 선생은 까마득한 하늘에서 빛나는 큰 별이다. 우리 글을 보석처럼 갈고 닦은 그분의 공로를 어떤 말로 칭송해야 할지 저어되었다. 시비에 적힌 〈향수〉를 읽으며, 새삼 그분이 '글의 귀재'라 여겨졌다. 시집 《그곳이 차마 꿈엔들 잊힐리야》와 동시집 《보고픈 마음, 호수만 하니》를 사서, 그에게 선물하였다. 그에게서 받은 것은 많았는데, 주는 것은 보잘것없어 겸연쩍었다. 동시 〈호수 1〉을 읊조리며 문학관을 나섰다.

    얼굴 하나야/손바닥 둘로/푹 가리지만
    보고픈 마음/호수만 하니/눈 감을 밖에

충청북도 기념물로 지정된 육영수 생가는 1600년대 이후로 삼정승이 나온 집터였단다. 1918년에 여사의 아버지가 매입하여 지금의 모습으로 재건축한 것이라 한다. 생가의 규모는 대단하지만, 그분의 생전 모습처럼 단아하였다. 대문을 들어서니 사랑채에 기품있는 그분의 대형 초상화가 자리하고, 앞에는 국화꽃이 놓여 있었다. 안채 툇마루에는 여러 장의 흑백 사진이 전시되어 있었다. 사진마다 지난날의 향수를 불러일으켰다. 특히 여사 서거 후, 지어미를 잃은 지아비의 추모 시가 눈길을 끌었다. 연꽃이 없는 연못이 살짝 아쉬웠지만, 분수의 청량한 물소리에 위안을 얻었다.

해가 서산마루에 내려앉을 무렵, 귀갓길을 서둘렀다. 사십 년 세월을 하루 같이 이어온 사제의 하루 나들이는 더할 나위 없이 소중한 추억으로 가슴에 새겨졌다. 하찮은 몇 조각의 지식을 건네준 것뿐인 내게, 그는 스승의 날이며 두 번의 명절 외에도 기회가 있을 때마다 인정을 베풀어주었다. 이제는 성공한 사업가로 우뚝 선 그가 대견하고 자랑스럽다. 내 생애에 손꼽힐 만한 '화려한 외출'이었다

무지개 걸린 뜨락

질문 하나를 받았다. '과거로 돌아갈 수 있다면, 어느 시절로 가고 싶습니까? 그리고 그 이유를 말씀해주십시오.'라는 내용이었다. 푸르렀던 교사 재직 시절에 교지 편집위원으로부터 받은 것이다.

답은 바로 나왔다. 고등학교 시절이었다. 그 까닭은 내 눈 앞에 펼쳐진 무한한 가능성 때문이었다. 푸른 하늘 아래 끝없이 뻗어 있는 미래에는 셀 수 없이 많은 길이 보였다. 길마다 흥미진진한 전설이 숨겨져 있고 가슴 설레는 모험이 기다릴 것만 같았다. 어느 길을 갈 것인가는, 오로지 내 마음이었다. 무슨 일이든 선택권이 나에게 있다는 것은 행복한 일이다. 하물며 인생행로를 정하는 엄중한 일이라면 더 말할 나위가 없다.

두 번째 이유는, 그 시절에 내가 몰라보게 성장했기 때문이다. 그 무렵, 불현듯 장차 한 가장으로서 누군가를 부양해야 한다는 책임감이 떠올랐다. 그때까지 나는 가족의 보살핌을 받으며 온실 속의 화초처럼 자랐다. 부모님의 그늘을 벗어나 내가 누군가의 삶을 책임진다는 것은 두렵기도 했지만, 그것은 앞으로 내 책임 아래 나만의 세상을 꾸려나 간다는 것을 의미하는 일이기도 하였다. 그 일은 무엇과도 비교할 수 없는 도전이요 설렘이었다. 나는 그 매력에 사로잡혔다. 그래서 고등학교 시절을 생각하면 예나 지금이나 가슴이 뛴다.

문제는 나였다. 낯선 그 길을 과연 내가 잘 헤쳐나갈 수 있을까? 가본 일이 없지만, 만만치 않으리라는 것만은 짐작할 수 있었다. 낭떠러지가 있는 높은 산도 올라야 할 것이요, 깊고 넓은 강물도 건너야 하리라는 것을 말이다. 길을 선택하는 것도 나요, 난관을 극복해 나가는 것도 내 몫이었다. 그러기에 더욱 가슴이 뛰었다.

오색 무지개가 걸린 길의 끝에 다다르기 위해서는 합당한 힘과 실력을 길러야 했다. 내가 할 일은 공부를 열심히 하는 것이었다. 숨을 가다듬고 머리끈을 동여맨 채, 결의의 표지로 책상 앞 벽에 표어 하나를 내걸었다. '너를 믿는다.' 이것이 내가 고등학교에 입학한 후 아버지께서 보내주신 첫 번째 편지의 마지막 구절이었다. 아버지의 나에 대한 신뢰와 기대가 담긴 짧은 글은, 내가 지칠 때마다 나를 일으켜 세웠다.

그 시절 우리 입에 오르내리던 삶의 기준은 '4당 5락'이었다. 네 시간 자면 대학에 합격하고 다섯 시간 자면 떨어진다는 말이었다. 3학년이 되어서는 '3당 4락'으로 바뀌었다. 몇 번을 빼고는 그 기준에 따라 고등학교 시절을 보냈다. 하얗게 밤을 새운 날도 적지 않았다. 그런 날은 등굣길 발걸음이 공중을 걷는 듯 가벼웠다.

지금 돌이켜 보아도 내 생애에서 그때처럼 뜨겁게 살았던 적이 없었다. 그 3년이 일생을 관통하며 내게 살아갈 힘을 길러주었다. 그런 만큼 잊지 못할 추억도 많다. 언제 생각해도 뿌듯한 몇 가지 추억이 나를 미소짓게 한다.

맨 먼저 생각나는 것은, 영어 공부와 하숙집 아저씨다. 나는 영어 공부할 때 소리 내어 읽는 습관이 있었다. "반드시 소리 내어 읽어라. 교과서를 통째로 외울 때까지 반복하여 읽어라. 책 읽는 소리가 듣기 싫어 이웃집이 세 번 이사할 정도로 읽어야 한다."라고 중학교 영어 선생님이 이르셨는데, 선생님의 가르침을 따르다 보니 자연스레 몸에 배게 된 것이었다.

룸메이트에게 미안해서 그가 잠든 후에 읽었다. 하루도 거르지 않았다. 어느 날 하숙집 아저씨가 "공부를 열심히 하는 네게 미안하다만 초저녁에 읽으면 안 되겠니? 책 읽는 소리에 잠을 깨면 다시 잠들기가 어렵구나."라고 부탁하셨다. 친구의 양해를 구해 초저녁에 친구와 함께 책을 읽었다. 며칠 후 아저씨가 "차라리 한밤중에 읽어라. 초저녁에 잠을 놓치면 밤새 한숨도 잘 수가 없어."라고 하소연하였다. 다시 한밤중에 목소리를 낮춰 책을 읽었다. 아저씨께 죄송했지만, 어깨가 으쓱해졌다.

또 다른 추억이 떠오른다. 수학 선생님과 관련된 것들이다. 선생님은 실력이 출중하다는 평판이었다. 소문처럼 알기 쉽게 설명을 잘해주셨다. 다만 인상이 무서웠는데, 그분이 웃는 모습을 본 일이 거의 없었다. 모두 그분을 존경하면서도 어려워하였다.

그러나 나는 그분이 별로 무섭지 않았다. 눈도 깜박거리지 않은 채 선생님과 눈을 맞추며 열심히 수업을 들었다. 어느 수업이 끝난 후, 선생님께서 나에게 교무실로 따라오라고 화난 듯 말씀하였다. 선생님이 책을 책상 위에 내리치듯 놓으며 "너 왜 나를 째려보냐?"라며 역정을 내셨다. "아니에요. 열심히 들은 것뿐이에요." "정말이야? 나도 네가 내게 감정이 있으리라고는 생각하지 않는다만, 한시도 눈을 떼지 않아 오해한 것 같다. 미안하다. 가 보아라." 나는 만면에 미소 지으며 교실로 향했다. '내가 제법 잘하고 있구나.' 하는 확신이 들었기 때문이었다.

친구들은 수업 중에 선생님께 질문하는 것을 꺼려하였다. 그러나 나는 별 부담 없이 질문하곤 했다. 언제부턴가 친구 중에 내게 질문을 의뢰하는 일이 생겼다. 시간이 지남에 따라 의뢰하는 친구가 점차 늘어났다. 자연히 수업시간마다 으레 한두 개 질문하게 되었다. 어느 날 선생님께서 나를 다시 교무실로 부르셨다. "너, 나를 테스트하냐?"라며 언짢은 표정을 지으며 물으셨다. 자초지종을 말씀드렸다. 그러자 선생님께서 "정말이야? 훌륭하다. 열심히 공부해."라고 격려해 주며 어깨를 토닥여 주셨다.

인생의 단계에서 더 소중하고 덜한 곳이 있을 리가 없다. 발달 단계마다 모두 그것만의 의미와 가치가 있는 법이다. 그러나 내게는 고등학교 시절이 특별하다. 어느 때보다 열정적으로 보냈기 때문이리라.

푸르렀던 시절과 달리, 지금은 고등학교 시절로 가고 싶지 않다. 젊음이 부럽지 않은 것은 아니지만, 불확실한 그 시절보다 안정된 노년이 더 편안하고 좋다.

 한때 내 앞에 펼쳐져 있던 그 많은 길을 모두 가 볼 수 없었던 것은, 지금도 아쉽다. 그러나 어쩌겠는가? 인생이 그럴 수밖에 없는 것을…. 대학에 진학한 후부터는 인생행로가 하나로 정해졌다. 그 길 위에서 작은 성공도 더러 있었고, 큰 실패도 많았다.

 지난날들이 파노라마처럼 스친다. 그중에서 오색영롱한 무지개가 걸려있던 뜨락에 시선이 머문다. 날마다 숨 막히게 가슴 뛰던 고등학교 시절이 시리도록 그립긴 하다.

눈깔 빼기

중학교 1학년 때의 추석 아침이었다. 설레는 탓에 간밤에 잠을 살짝 설쳤다. 새 내복으로 갈아입고 새 양말을 신으려는데, 양말이 보이지 않았다. 방안을 샅샅이 뒤져도 찾을 수 없었다. 분명히 머리맡에 둔 것 같은데…. 귀신 곡할 노릇이었다.

그때 형이 신고 있는 양말에 눈길이 닿았다. 아니, 내 양말을 형이 신고 있는 게 아닌가! 색상이며 무늬가 분명히 내 것이었다. 짜증 섞인 목소리로 형에게 양말을 내놓으라고 말했다. 형이 자기 양말이라고 우겼다. 서로 자기 것이라고 옥신각신하였다.

말투가 점점 거칠어졌다. 형이 내기하자고 하였다. 물론 나도 좋다고 하였다. 형이 무슨 내기할 거냐고 물었다. 내가 기차 화통 삶아 먹은 소리로 "눈깔 빼기!"라고 외쳤다. 소소한 양말 한 켤레가 형제의 '눈깔 빼기'로 사달이 나고 말았다.

　그때 내가 그렇게 격한 반응을 보인 것은, 평소 형에게 지니고 있던 소외감 때문이었다. 그 무렵 가족의 관심이 온통 장남인 형에게 쏠려 있는 것 같았다. 몇 대째 장손과 차남의 차이를 몰랐던 나는, 형 때문에 항상 피해를 본다고 생각하였다. 돌이켜보면 늘 내게 친절하고 양보하는 인정 많은 형이었는 데도 말이다.

　내기했으니 결말이 나야 했다. 양말 찾는 일에 형도 나서고 할머니도 합세하였다. 잠시 후에 할머니가 건넌방에서 "여기 이 양말이 누구 것이냐?"라며 손을 치켜세우셨다. 아뿔싸, 내 것이었다. 형 것과 색상이나 무늬가 비슷하긴 해도, 분명 내 것이었다.

　이제 뒷일을 감당할 일만 남았다. 풀이 죽은 목소리로 형에게 "눈깔을 빼든지 알아서 해."라고 말하며 다가갔다. 그러나 인정 많은 형이 절대로 그러지 않으리라는 믿음은 있었다. 나라면 몰라도…. 형이 "됐어. 임마!"라는 한마디로 형제간의 거창한 내기를 마무리하였다.

　그 일로 큰 교훈을 얻었다. 그 당시 어린 내 눈에도 양말 한 켤레는 사소한 물건에 지나지 않았다. 그런데 하찮은 양말에 '눈깔 빼기'를 걸다니, 둘 사이의 균형이 맞지 않아도 너무 맞지 않았다. 어리석은 내기였다.

　내기의 상대도 잘못되었다. 내기에는 승자와 패자가 있기 마련인데, 누가 이기고 지든 간에 형제 중 하나는 불구가 될 수밖에 없는 일이 아닌가! 다른 것도 아닌 소중한 눈을 두고 형과 내기를 한 것은 아무리 어린 시절 일이라 해도 용납이 안 된다.

끝으로, '눈깔 빼기'는 내기로서 애당초 무효였다. 내기는 실행될 수 있는 경우라야 의미가 있는 법이다. '하늘에서 별 따오기'와 무엇이 다른가? 실행 불가능한 내기는, 내기 자체가 성립될 수 없다는 사실을 그때 깨달았다. 내기란 좋은 일이 아니지만, 굳이 해야 한다면 '짜장면 한 그릇' 정도가 어떨까?

 오늘도 멀쩡한 눈으로 푸른 하늘과 불꽃 같은 철쭉을 바라본다. 대책 없던 욕심쟁이 아우에게 자비를 베풀어 준 형의 용서 덕분이다. 가까운 시일 안에 형을 만나 막걸리 한잔 잘 대접해야겠다.

식당에서

 아주 오래전 일이다. 딸들이 초등학생 시절이었다. 어느 주말에 가족 외식을 나섰다. 일식 가옥을 개조한 고급스러운 중식당이었다. 실내 장식이 깔끔한 데다 멋진 소품이 잘 정돈되어 있었다. 대형 유리창을 통해 바라본 바깥 정원은, 보는 순간 가벼운 탄식이 절로 나올 정도였다. 수형을 제대로 갖춘 대형 정원수가 맵시를 자랑하며 서 있고, 아기자기한 작은 나무들이 소꿉놀이하는 듯 보였다. 딱 있어야 할 곳에 자리한 연못이 정원의 운치를 더해 주었다.
 세 딸은 모든 게 신기한 모양이었다. 방 안에 들어서자마자 창가로 달려가 정원을 내다보았다. 연신 감탄을 자아내며 다투듯 서로 말을 이어갔다. 그때 한 무리 가족이 우리 방으로 들어와 옆자리에 앉았다. 내가 아이들을 식탁으로 불러들였다. 그리고 손가락을 입술에 대며

"쉿!" 했다.

애들은 의자에 앉은 채, 방안 소품을 이것저것 손가락으로 가리키며 뭐라고 속삭였다. 내가 다시 손가락을 입술에 대고 "쉿!" 하며 "옆에 손님들이 계시잖아."라고 일렀다. 그러자 애들은 눈과 입술과 몸짓으로 이야기를 나눴다.

우리는 모처럼의 별미를 맛있게 즐겼다. 애들은 눈 깜짝할 사이에 식사를 마쳤다. 수저를 놓자마자 창가로 다가가려 했다. 내가 다시 불러들였다. "저분들 식사 중이잖아. 조용히 해야지."라고 일렀다. 우리 내외가 식사를 마칠 때까지 애들은 의자에 앉아 다시 눈과 입술과 몸짓으로 이야기했다.

우리 아이들보다 조금 어려 보이는 옆 식탁 아이들이 식사를 마친 모양이었다. 이내 방안을 빙빙 돌며 술래잡기를 시작하였다. 식사하고 있는 우리 식탁 주변도 예외가 아니었다. 부모는 아무 일도 없는 듯 식사에 열중하고 있었다. 우리 애들은 재밌게 뛰어노는 아이들을 부러운 눈으로 바라보았다.

얼마 동안 씩씩하게 뛰어놀던 아이들이 지루했는지 뛰는 것을 멈췄다. 모처럼 방안에 평화가 찾아왔다. 그러나 그것도 잠시, 다른 놀이가 시작됐다. 아이 하나가 여닫이 출입문 손잡이에 매달려 그네를 타는 게 아닌가! 남매는 서로 교대로 밀어주며 깔깔거리면서 특별한 그네를 즐겼다.

소란스러운 것도 거슬렸지만 문이 움직일 때마다 나는 삐거덕거리는 소리가 듣기 힘들었다. 부모는 아이들의 놀이가 대견한 모양이었다. 창의적이라고 생각하는지 "누가 생각해낸 거야?" 하며 반기고 격려까지 하였다.

　여기저기 둘러보고 싶어 하는 우리 아이들을 앞세워 식당을 빠져나왔다. 언짢은 기분에 오래 머물고 싶지 않았다. 모처럼의 우리 가족 외식은 그렇게 끝나고 말았다.

　집으로 돌아오는 동안 내내 기분이 찜찜했다. 여럿이 모인 자리에서 지켜야 할 공중도덕을 가르치려 한답시고, 혹시 애들을 너무 주눅 들게 하지 않았나 하는 의구심이 들었기 때문이었다.

　그로부터 오랜 세월이 흘렀다. 직장에서 정년 퇴임을 앞둔 어느 날 집사람과 함께 주말 점심 외식을 나섰다. 살던 집 근처의 한 식당이었다.

　꽤 넓은 식당이었다. 4인 식탁을 두 개씩 연결해 놓은 긴 식탁이 대여섯 줄 놓여 있었다. 개방된 복도 건너편에도 똑같은 모양으로 식탁이 놓여 있었다. 방석 깔고 앉는 좌식이었다. 이른 시간이라 우리가 첫 손님이었다. 음식을 주문한 다음, 한쪽의 가운데쯤 자리 잡았다.

　막 식사를 시작할 무렵 두 쌍의 젊은 부부가 들어왔다. 대여섯 살쯤 되어 보이는 아이 둘이 있었다. 그들은 식사를 주문한 다음 즐겁게 이야기를 나누었다. 그때까지만 해도 평화로웠다.

　식사를 일찍 마친 아이 하나가 금방 일어나더니 식당 안에서 달리기를 시작하였다. 처음에는 식탁과 복도 사이의 방바닥을 달렸다. 그것도 타잔처럼 고함을 지르면서 말이다. 어른들은 자기들끼리의 담소에 열중하고 있었다.

몇 차례 왕복 달리기를 하던 아이가 싫증이 난 모양이었다. 이번에는 장애물을 뛰어넘기 시작했다. 식탁 한 번 밟고 방바닥 한 번 밟고를 반복하며 왕복 달리기를 하였다. 우리 식탁도 예외는 아니었다.

식사 중인 우리는 매우 불편했다. 애가 식탁을 밟을 때마다 식탁이 심하게 흔들렸다. 그러나 더 불편했던 것은, 아이가 넘어질까 두려웠다. 매번 가슴을 졸이며 식사해야 했다. 소음에 두려움까지 겹쳐 먹는 게 먹는 것이 아니었다.

그런데 놀라운 일이 벌어졌다. 젊은 부부가 손뼉을 치며 아이를 응원하는 게 아닌가! 아이의 용기와 아이디어가 자랑스러운 모양이었다. 아이를 말리지 않는 것도 놀라운데 칭찬하고 격려하다니, 도무지 믿기지 않았다. 우리는 아예 안중에도 없어 보였다.

집사람이 차츰 불편한 기색을 보이기 시작했다. 아이는 그칠 기미를 보이지 않았다. 아이가 우리 식탁에 가까이 뛰어올 즈음, 참다못한 집사람이 나지막한 목소리로 "얘야, 그만해."라고 일렀다.

그러자 곧바로 애 엄마가 큰 목소리로 외쳤다. "누가 우리 귀한 자식을 기죽이는 거야! 얘야, 더 뛰어라, 뛰어!"라며 고함, 고함을 질렀다. 이어서 "나잇살 먹어 자기도 자식을 키워보았겠구먼, 왜 남의 자식 기를 죽이는 거야." 하며 화를 멈추지 않았다. 그 여자는 귀도 밝았다.

우리는 바로 수저를 놓고 계산을 마친 후 식당을 나섰다. 문을 나설 때까지 그 여자의 고함은 멈추지 않았다. 내 생애 최악의 오찬이었다. 그 후 한동안 우리는 외식을 꺼렸다. 또다시 무슨 봉변을 당할지 몰라 두렵기 때문이었다.

지금도 궁금하다. 그 젊은 부부가 우리 입장이었더라도 즐겁고 편안하게 식사할 수 있었을까? 또한, 반복적으로 위험하게 식탁을 밟으며 뛰어오는 어린애를, 남의 집 귀한 자식이기에 타이르지 않은 채, 편히 밥을 먹을 수 있었을까?

자식의 기를 세워주는 것만큼, 남에게 폐를 끼치지 않도록 교육하는 것도 중요하다는 생각을 지울 수 없다. 아무래도 자식 교육처럼 어렵고 중요한 것은 없는 것 같다. 참, 식당에서 만난 그 아이들은 지금 어떻게 자랐을까?

가을은 참 예쁘다

십여 년 전이다. 집사람이 중환자실에서 이승과 저승을 오가던 때였다. 하루에 한 번 이른 아침에만 면회가 허락되었다. 어느 날 마음이 급해 서둘다 보니 시간에 여유가 생겼다. TV를 켰다. KBS 〈인간극장〉이 방영되고 있었다.

젊은 여인의 이야기였다. 어디 먼 곳에서 살다가 모악산 기슭으로 이사 왔단다. 모악산의 좋은 정기 받고 운동하기 위해서였다. 남편과는 몇 해 전에 헤어지고 딸 하나를 키우고 있었다. 암 환자였다. 집사람도 항암 후유증으로 사경을 헤매고 있던 터였다. 동병상련이 일었다.

그 후로 〈인간극장〉은 내가 즐겨보는, 몇 안 되는 프로그램 중 하나가 되었다. 거기에는 다양한 인생의 희로애락이 담겨 있다. 인생 공부로 이만한 것도 많지 않아 보였다.

최근 〈인간극장〉에서 가수 박강수의 삶을 조명하는 〈강수 씨의 가을은 참 예쁘다〉가 방영되었다. 부끄럽지만 나는 그의 이름을 거기에서 처음 들었다. 하지만 그의 대표곡인 〈가을은 참 예쁘다〉라는 노래는 귀에 익었다. 멜로디와 노랫말이 푸른 하늘과 코스모스처럼 예쁜 노래다.

방영 중에 그의 여러 곡이 소개되었다. 그 가운데서도 역시 〈가을은 참 예쁘다〉가 가장 마음에 들었다. 나야 원래 가을을 좋아하지만, 박강수 노래 덕분에 이번 가을이 더욱 특별하고 충만했다.

때맞춰 늦가을 나들이에 나섰다. 언제나 든든하고 따뜻한 수필 글 벗들과 함께했다. 나는 우리 나들이에서 실망한 일이 한 번도 없었다. 벗들은 항상 궂은 일에는 먼저 나서고, 좋은 일에는 뒤로 숨는 분들이 아니었던가.

며칠 전부터 설렜다. 여느 때처럼 몇몇 승용차에 나눠 타고 가기로 했다. 두 분의 여성 글 벗과 한 차를 타는 행운을 얻었다. 글솜씨가 뛰어난 분들이다. 내가 청일점이 되다니 운수대통한 날이었다.

행여 떠나는 가을을 놓칠세라, 그 끝자락을 움켜쥐고 금산사로 떠났다. 화창한 날씨에 하늘은 푸른빛을 한껏 뽐내고 있었다. 며칠 동안 제법 쌀쌀한 날씨가 이어졌는데 그날따라 봄날처럼 푸근했다. 하늘이 우리 나들이를 부조하는 듯했다. 글 벗들이 쌓은 덕이 하늘까지 닿은 모양이었다.

모두 소풍 온 어린이처럼 즐거워했다. 몇 분이 내 손안에 간식을 쥐어주었다. 피를 나눈 형제 못지않은 정이 손끝으로 전해졌다.

주차장에서 삼삼오오 짝을 지어 금산사로 향했다. 입장을 위해 주민등록증을 챙겼다. 그런데 앞선 일행이 매표소를 지나면서 소 닭 보듯 그냥 지나치는 게 아닌가? 알고 보니 몇 달 전부터 입장료가 폐지되었단다. 날마다 달마다 살기 좋아지는 대한민국이다.

차도와 완전히 분리된 오솔길이 금산사까지 이어졌다. 낙엽이 쌓인 흙길이 정겨웠다. 적당히 그늘져 시원했다. 모처럼 고요를 즐겼다. 앞뒤의 일행이 나누는 정담을 양념 삼아 엿들으니, 이 또한 별미였다. 차안此岸과 피안의 경계를 넘나들며 걷는 산책길은 그날의 백미 중 하나였다.

헤아릴 수 없이 자주 찾았던 금산사였다. 그러기에 금산사를 잘 안다고 생각했다. 자연히 주마간산하듯 늘 건성으로 관람하곤 하였다. 돌이켜 보니 제대로 탐구해본 일이 없었다. 등잔 밑이 어둡다는 말이 틀리지 않았다. 이번 기회에 꼼꼼히 알아보자고 다짐했다. 글을 쓰면서 길러진 습관이 힘을 발휘한 순간이었다.

금산사는 대한불교조계종 제17교구 본사이다. 〈금산사사적〉(1492)에 의하면 백제 법왕 2년(600)에 창건되었다. 8세기에 들어와 진표율사에 의해 중창되었다. 이후로 법상종의 근본도량이 되었다.

이곳은 문화사 면에서도 가치가 높다. 국보 제62호인 미륵전 외에도 10점의 보물이 있다. 미륵전은 미륵본존을 모신 3층 불전이다. 20m 높이에 내부는 통층으로 되어있다. 후백제 견훤이 아들 신검에 의해 유폐된 곳이 여기라고 알려져 있다.

보물은 먼저 제22호인 노주, 제23호 석련대, 제24호 혜덕왕사탑비,

제25호 오층석탑, 제26호 금강계단, 제27호 육각다층석탑, 제28호 당간지주, 제29호 심원암삼층석탑, 제827호 대장전 그리고 제828호인 석등 등이다.

보물이 하나 더 있었다. 제476호로 지정된 대적광전이다. 그런데 안타깝게도 1986년 원인을 알 수 없는 화재로 소실됨에 따라 보물에서 해제되었다. 지금의 건축물은 1990년에 복원된 것이다. 대적광전은 일반 사찰의 대웅전에 해당하는 건물로서, 비로자나불을 가운데 모시고 좌우에 노사나불과 석가모니불을 모시고 있다. 이른바 〈화엄경〉의 연화장세계를 상징한다.

'뇌묵당 처영대사 역사기념관'에 월주 스님 기념 전시회를 열고 있다는 현수막이 걸려있었다. 살짝 엿보려 했는데 문이 닫혀 있어 뜻을 이루지 못했다. 그곳은 주말에만 개관한단다.

우리의 우정과 추억을 금산사 너른 뜨락에 곱게 펼쳐 놓았다. 금산사를 다시 찾을 때마다 스승과 벗들의 정겨운 얼굴이 나를 맞이주리라. 발길을 돌리는 아쉬운 마음에 두 번, 세 번 뒤돌아보며 그날의 추억을 가슴에 담았다.

점심은 밥도둑 게장백반이었다. 식당이 마침 쉬는 날인데 우리만을 위해 문을 열었단다. 만만치 않은 밥값은, 고향 찾아와줘 고맙다며 김제 출신 시 낭송가가 기꺼이 지갑을 열어 해결했다. 그분의 고향 사랑이 마음에 큰 울림을 안겨주었다. 게장에 인정을 더하니 맛이 천하일미였다.

뒤질세라 '포청천'이라 불리는 글 벗이 우리를 멋진 카페로 초대하였다. 쌍화탕을 사 드리고 싶단다. 쌍화탕의 그윽한 향이 몸과 마음에 밴 티끌을 말끔히 씻어주는 듯했다. 보약 한 첩 마신 기분이었다. 올겨울 감기 걱정은 안 해도 되겠다.

　온 대로 되돌아가기로 하였다. 다시 청일점이 되어 고운 두 분 여류작가와 함께 승용차에 올랐다. 가을은 참 예쁘다. 그날은 더욱 그랬다.

닭서리

세상에는 재밌는 일이 참 많다. 그중에서도 빠지면 서럽다 할 것 중 하나가 서리다. 서리란 떼를 지어서 남의 과일, 곡식, 가축 따위를 몰래 훔쳐먹는 장난을 말한다. 콩, 고구마, 참외 등이 주된 목표물이었다. 콩은 불에 구워 먹었다. 손은 말할 것도 없고, 입 언저리와 얼굴도 온통 까매졌다. 고구마나 참외는 풀밭이나 바지에 문질러 흙을 닦아낸 다음 이빨로 껍질을 벗겨 먹었다.

지금은 서리를 찾아보기 힘들다. 범죄라고 여긴다. 옛날에도 붙잡히면 꾸중 듣거나 한두 대 쥐어박혔다. 그래도 장난으로 치부되었다. 이제는 나이든 이들의 추억에서나 찾아볼 수 있다. 피해자에게는 속상할 일이지만 서리꾼에겐 쾌감 만족의 낭만이었다.

나는 타고난 새가슴이라 그 멋진 재미를 경험하지 못한 채 어린 시절을 보냈다. 그러나 서리 무용담은 숱하게 들었다. 하도 많이 듣다 보니 내가 한 일인지 들은 이야기인지 헷갈릴 정도였다. 마치 군대 다녀오지 않은 사람이 다녀온 사람보다 군대를 더 잘 알고 실감 나게 말할 수 있는 것과 같은 이치다.

서리 중 단연 으뜸은 닭서리였다. 으뜸이라 말하는 까닭은 성공 확률이 매우 낮지만, 보상은 최고였기 때문이다. 어디 닭 울음소리가 웬만한가? 자칫 실수하면 한밤중에 온 동네 사람 깨우기 십상이다. 옛날에는 중국 산둥에서 우는 닭 소리를 인천에서 들었다고 한다. 지금도 전남 신안군 가거도에서는 중국 닭 우는 소리가 들린단다.

내가 들은 서리 무용담 중 단연 으뜸은 내 형의 닭서리였다. 형이 고등학교 시절 셋이서 닭서리를 나섰다. 셋 중 하나가 살고 있던 작은 마을 어느 집으로 향했다. 그 친구는 정보를 제공한 대신 서리에는 직접 참여하지 않고 멀찍이 떨어져 바라보기로 했다. 형이 망을 보고 다른 친구가 행동대장으로 나섰다.

닭장은 마루 밑이었다. 한 마리만 잡기로 했다. 행동대장이 조심스럽게 마루 밑으로 기어서 들어갔다. 형은 밖에서 망을 보았다. 심장 소리에 주인이 깨지 않을까 걱정될 정도로 가슴이 뛰었단다. 마른침을 삼키며 안방 문과 친구를 번갈아 보며 신경을 곤두세웠다.

그런데 갑자기 안방 문이 열리고 집주인 사내가 불쑥 마루로 나왔다. 형이 친구에게 신호를 보낼 새도 없이 말이다. 숨죽여 상황을 지켜볼밖에 달리 도리가 없었다. 마루에서 서성이던 집주인이 마루 밑에서 이상한 기척을 느꼈다. 허리를 굽혀 마루 밑을 바라보며 "누구여?"하고 물었다. 행동대장이 "가만있어. 한 마리만 더 잡고."라고 대꾸했다. 그는 형이 빨리 나오라고 재촉하는 것으로 알아들었던 모양이었다.

주인이 "엉?" 하며 마당으로 내려섰다. 형은 삼십육계 줄행랑을 쳤다. 잠시 후에 행동대장의 외침이 들려왔다. 형과 다른 친구 이름을 부르며 빨리 오라는 소리였다. 붙잡힌 행동대장이 이실직고한 모양이었다. 셋이서 손이 닳도록 빌고 정강이 몇 번 차인 다음 겨우 풀려났다.

나는 그 멋진 경험을 중학교 시절에 딱 한 번 겪어 보았다. 그것도 닭서리로. 2학년 겨울방학이었다. 열흘 남짓 외가에서 지냈다. 사촌, 육촌, 팔촌까지 형제가 많았다. 늘 대여섯, 많을 때는 십여 명이 어울렸다.

무슨 할 말이 그리 많았던가. 이집 저집 몰려다니며 밤늦도록 수다를 떨었다. 밤이 깊어 배가 고파지면 밤참을 챙겨 먹었다. 그중 가장 만만한 게 고구마였다. 그러던 어느 날 형 하나가 닭서리를 제안했다.

외가에서는 한 번도 없던 일이라 모두 눈이 동그레졌다. 그러니 미다하는 사람은 하나도 없었다. 이야기가 진지해졌다. 먼저 '뉘 집을 털 건가'가 문제였다. 맏형이 꼼꼼쟁이 외삼촌 댁을 지목했다. 이유는 간단했다. 첫째 부자고, 둘째 들켜도 조카를 어찌하지는 못하지 않겠냐는 것이었다. 환호와 박수가 터져 나왔다.

외가를 찾을 때면 열흘이고 보름이고, 늘 꼼꼼쟁이 외삼촌 댁에서 지냈다. 내 집 같았던 곳을 한밤중에 도둑이 되어 들어가는 것이다. 서리치고는 별난 서리였다. 다만 꿈에 그리던 로망 하나를 직접 경험한다는 점에서 내게는 잊을 수 없는 밤이었다.

집안 사정에 밝으니 조심할 것은 큰 소리만 내지 않으면 되었다. 개도 짖지 않았다. 오히려 꼬리치며 반기는 게 부담스러웠다. 닭장 안으로 미끄러지듯 들어갔다. 닭들은 인기척에 다소 부스럭거렸지만 이내 잠잠해졌다.

닭 잡는 일은 요령이 있어야 한다. 먼저 닭 등에 손이 닿는 듯 마는 듯 살짝 얹는다. 이때 닭은 가볍게 '꼬꼬꼬' 소리를 내며 몸을 움찔한다. 잠시 기다려 닭이 진정된 다음, 날개 속으로 천천히 그리고 부드럽게 손을 밀어 넣는다. 손이 날갯죽지에 이르면 죽지를 꼭 쥐고 조심스럽게 횃대에서 들어 올리면 된다. 서둘면 절대 안 된다.

한 사람이 한 마리씩 잡았다. 나는 이론 공부만 했을 뿐 직접 참여하지 못했다. 한 사람의 실수가 대사를 그르칠 수 있기 때문이었다. 나는 참관하는 것으로 만족해야만 했다. 거사는 성공적으로 끝났다. 우리는 짜릿한 스릴과 포식을 마음껏 즐겼다.

다음 날 아침에 밥 먹으려고 외삼촌 댁을 갔다. 서리꾼 서넛이 함께 갔다. 예상한 대로, 방 안 분위기가 심상치 않았다. 외삼촌 얼굴이 붉으락푸르락하였다. 입에서는 온갖 악담이 쏟아졌다. 대충 '도둑놈의 손모가지, 발모가지가 똑 부러지기 바란다.'라는 내용이었다. 우리는 시치미를 뚝 떼고 갖가지 말로 외삼촌을 위로해 드렸다. 아무 소용이 없었다. 외삼촌의 험담이 계속 이어졌다.

전날 거사의 주모자인 맏형이 듣다못해 한마디 거들었다. "삼촌, 서리해 간 사람이 누군 줄 알고 그런 악담을 계속하세요?" 맏형은 내 이종사촌으로 삼촌과는 나이 차이가 대여섯에 불과했다. "누구긴 누구여, 천하의 도둑놈이지." 외삼촌의 말씀 따라 우리는 천하의 도둑놈이 되었다.

훗날 외삼촌께 그날의 자초지종을 말씀드렸다. 삼촌은 '말하면 잡아 줄 텐데 왜 쓸데없이 고생했냐'며 너털웃음을 터뜨렸다. 그러나 그것은 그분이 모르는 말씀이었다. 차려주는 음식보다 훔쳐먹는 것이 얼마나 맛있는지를.

내게 한결같이 사랑을 베풀어주었던 외삼촌과 이종사촌 형이 올해 세상을 떠났다. 마음이 추수가 끝난 초겨울의 들녘처럼 쓸쓸하다.

은빛 종소리에 실려 온 선물

그날따라 날씨가 궂었다. 눈발이 사나웠다. 눈이 하늘에서 내리는 게 아니라 땅에서 하늘로 솟구쳐 올랐다. 심란했다. 약속했으니 가지 않을 수도 없었다. 요즈음 날씨 변덕이 왜 이리 심한지 모르겠다. 엊그제만 해도 봄처럼 따뜻했는데 말이다.

그 며칠 전 함께 글공부했던 벗들의 모임이 있었다. 그중 한 분이 네 번째 시집을 발간해 축하 자리가 마련된 것이다. 그날의 주인공이 나를 한 음악회에 초대하였다. 원래 사모님과 함께 초대받았는데 사모님이 참석할 수 없는 형편이었다. 그분 홀로 가게 할 수는 없었다. 물론 연말 음악회의 낭만이 내 마음을 끌어당기기도 했지만.

그가 공연자에 대해 간단히 설명해주었다. 소프라노 전공이고 시인이란다. 그런데 그녀가 보건학 박사 학위를 지닌 현직 초등학교 보건교

사라는 말을 듣고는 입을 다물 수가 없었다. 도대체 일인 몇 역인가?

　음악회는 아파트 단지 뒤편 골목길의 넓지 않은 카페에서 열렸다. 카페에 들어서자 그녀가 예복을 입은 채 우리를 반갑게 맞아주었다. 몇몇 관객이 이미 자리하고 있었다. 카페 한쪽에 피아노가 관객을 뒤로 한 채 벽을 보고 놓여 있었다.

　안내에 따라 창가에 앉았다. 커피 향이 진하게 전해왔다. 카페 사장님이 차 주문을 받으러 다가왔다. 찻값은 무료란다. 따뜻한 아메리카노 한 잔이 추위에 떤 몸과 마음을 녹여주었다.

　음악회 팸플릿을 받았다. 제목이 'ODIN CONCERT'였다. 'ODIN'은 "지식, 문화, 시가詩歌, 전쟁의 최고의 신'이란 뜻이다. 이름이 아름답고 멋졌다. 두 번째 음악회였다. 첫 번째도 그곳에서 열린 듯했다.

　공연 시간이 가까워지면서 관객의 발길이 이어지더니 한 무리의 일행이 들어섰다. 성인용 보행기를 끄는 노인을 몇몇이 부축하였다. 누군가가 "어머니다!"라고 외쳤다. 그날 주인공의 어머니였다. 낙상 사고로 병원에 입원했다가 공연 시간에 맞춰 퇴원하는 길이란다. 관객의 입장이 끝났다. 모두 이십 명 남짓이었다. 그중에는 차 마시러 온 손님도 두셋 있었다.

　그녀가 사회와 진행을 도맡았다. 그날의 음악회를 '가족 콘서트'라고 소개하였다. 공연의 일부인 피아노 연주 역시 조카가 맡았다. 관람객은 가족, 직장 동료, 가족 같은 친지가 대부분이었다. 나처럼 낯선 이는 우리 일행 둘과 차 마시러 온 손님 정도였다.

　자리 정리가 끝날 무렵 주인공이 내게 다가왔다. 공연 중간쯤에 '시 낭송'을 해달라고 하였다. 내가 펄쩍 뛰었다. 한 번도 해본 적이 없었고, 준비가 안 된 일을 맡을 수는 없었다. 그 후에 팸플릿을 보니 공연 부제가 'POEM & ART SONG CONCERT'라고 씌어 있었다.

첫 곡은 피아노 연주였다. 라흐마니노프 〈악흥의 순간 4번〉이었다. 연주자는 그녀의 조카이자 한의사였다. 놀라웠다. 재능이 많은 집안인 모양이다.

이어서 그녀가 세 곡을 노래하였다. 김성태 작곡 〈동심초〉, 이원주의 〈이화우〉, 드보르자크의 〈어머니가 가르쳐주신 노래〉였다. 노래마다 비교적 자상한 해설을 곁들여 줘 곡에 대한 이해와 감상의 즐거움을 더해 주었다.

그중 마지막 곡은 《착각의 시학》 올 겨울호에 〈문학 속의 음악 이야기〉라는 제목으로 곡에 대한 해설이 실린 바 있었다. 그녀가 쓴 글이었다. 8쪽에 달하는 분량이다. 이미 읽어 내용을 얼마간 알고 있었던 터라 더욱 깊은 맛을 느낄 수 있었다.

그녀의 노래는 신선했다. 한여름에 대숲에서 불어오는 바람 소리랄까? 때로는 깊은 골짜기에서 흐르는 물소리처럼 맑았다. 청자나 백자의 세련미는 아니었다. 질그릇처럼 소박하고 정감이 가는 목소리였다. 그것이 내게는 더 큰 감동으로 다가왔다.

이런 모습의 공연은 처음이었다. 기획이나 짜임새가 파격이었다. 편안해서 좋았다. 사랑방 좌담 같기도 하고 노변정담 같기도 하였다. 예술이 인정의 옷을 입으니 더욱 고왔다. 사이사이 들려주는 그녀의 이야기가 노래 못지않은 즐거움을 안겨주었다.

시간이 흐르면서 내 마음이 조금씩 흔들렸다. 아름다운 그 자리에 무언가 도움을 주고 싶은 열망이 일었다. 조금 전 '시 낭송' 제안을 받았을 때 거절한 것이, 살짝 후회된 것이다. 해본 일도 없고 잘하지도 못하지만 해보기로 마음먹었다. 시 한 수가 머리에 떠올랐다. 작자 미상의 〈내가 엄마가 되기 전에는〉이라는 시였다. 이것은 불편한 몸을 이끌고 참석한 그녀 어머니 뒷모습을 보면서 떠오른 것이다.

그것은 오래전에 내가 즐겨 암송했던 시였다. 딸 셋을 둔 친정 애비의 마음이었을 것이다. 구구절절 딸의 얼굴과 감정이 덧씌워졌었다. 어느 명절에, 온 가족이 모인 자리에서 낭송한 일이 있었다. 그때 딸들의 눈가에 촉촉이 이슬이 맺히던 기억이 났다.

그러는 사이 그녀의 노래가 끝났다. 다음 순서는 피아노 연주였다. 내가 자리에서 일어났다. 뜻밖의 상황에 모두의 눈길이 내게 쏠렸다. 그녀에게 시 낭송해도 되겠냐고 물었다. 우레와 같은 박수가 터졌다.

스마트 폰을 켜고 시를 찾아 낭독했다. 물론 암송과는 맛이 천양지차다. 어설픈 시 낭독에도 눈을 반짝이고 귀를 쫑긋하며 감상하는 이들을 보며 힘을 얻었다. 많은 분이 공감해주었다. 거기에는 아이를 낳고 키워본 분들이 많았다. 이로써 그날 음악회의 형식이 제대로 갖추어진 셈이었다.

순서에 따라 피아노 연주가 이어졌다. 조카의 두 번째 출연이었다. 이번에는 라흐마니노프의 〈파가니니 주제에 의한 랩소디 18번〉이었다.

다음에는 '기도'라는 주제로, 그녀가 바비로프의 〈아베 마리아〉와 손경민의 〈여정〉 두 곡을 노래하였다. 마무리로 크리스마스 캐롤 〈실버

벨〉을 합창으로 불렀다. 창밖으로 눈이 내리고 있어 운치가 더해졌다. 성탄절 교회 종소리가 들려오는 듯했다.

그날의 보람이 짭짤했다. 우선 내게 글 길잡이가 되어준 분과 즐거움을 함께할 수 있어 뿌듯했다. 올해를 마무리하며 문화의 향기를 온몸과 마음으로 누릴 수 있어 행복했다. 시 낭독을 통해 멋진 음악회에 작은 손길을 보탠 것도 빼놓을 수 없는 기쁨이었다. 주인공의 멋진 인생을 엿본 것은 덤이었다.

은빛 종소리에 실려 온 선물이었다. 쏟아지던 눈과 함께 말이다.

춥지만 따뜻한 겨울

그가 조심스럽게 내게 부탁했다. "선생님, 제게 선생님 책 한 권 주실 수 있나요?" 내가 흠칫했다. 뜻밖이었기 때문이다. 내가 글 쓴다는 사실을 그가 안다는 것도 놀랍고, 그와 개인적 친분이 두터웠던 것도 아니었다.

"그럼요. 그런데 제가 책 낸 것을, 어떻게 아셨어요?" 내가 물었다. 관리사무소에서 내 책을 보았단다. 한두 쪽 읽었는데 글이 너무 재밌고 좋아서 나를 만나면 꼭 한 권 부탁하고 싶었다고 하였다.

그는 우리 아파트 정문 경비원이다. 그를 만난 건 이삼 년쯤 되었다. 조석으로 오가며 그를 스친다. 그는 늘 아파트 이곳저곳을 쓸고 치우며 정리한다. 그가 경비실에 앉아 있는 것은 해 질 녘 이후다. 사실은 그분뿐만 아니라 모든 경비원이 그런다. 누구라도 열심히 일하는 모습은 아름답다.

  우리 아파트 관리사무소는 특별하다. 직원들이 하나같이 친절하고 뭔가를 하며 바삐 지낸다. 이처럼 생산적이고 효율적인 조직을 본 일이 별로 없다. 기계의 톱니바퀴가 맞물려 돌아가듯 한 치의 오차도 없이 잘도 돌아간다. 바라보면 흐뭇하고 행복하다.

  그러나 처음부터 그랬던 것은 아니다. 답답하고 속상하며 불친절했던 때도 있었다. 지금의 관리사무소를 보게 된 것은, 얼마 되지 않는다. 현재의 소장이 부임한 이후다. 비교적 젊은 그는 사람과 일 관리에 탁월하다. 경영의 달인처럼 보인다.

  몇 년 전 겨울, 폭설이 내린 적이 있었다. 어린애들과 철없는 나는, 좋아 어쩔 줄 몰랐다. 눈 맞으러 밖을 나갔다. 아이들의 함성이 여기저기서 들렸다. 쏟아지는 눈을 안으려고 두 팔을 번쩍 쳐들었다.

  그런데 저만치서 소장과 경비원은 말할 것도 없고 내근하는 여직원까지 눈 치우느라 땀을 뻘뻘 흘리고 있는 게 아닌가. 조금 계면쩍었다. 그들은 밤이 깊을 때까지 손을 멈추지 않았다. 다음 날 이른 새벽에 산책하러 나갔더니 그때도 소장과 직원 몇몇이 눈과 씨름하고 있었다. 그날의 감동이 지금도 생생하다.

  그동안 살면서 마지 못해 일하는 흉한 모습을 여기저기서 수없이 봐 왔던 나였다. 그런데 이번에는 달랐다. 이처럼 맡은 일을 성심껏 하는 광경을 일찍이 본 일이 없었다. 내 가슴 깊숙한 곳에서 뜨거운 뭔가가 치밀어 올랐다. 감사의 마음을 표시하고 싶었다.

  직원에게 아파트에서 근무하는 인원이 몇이냐고 물었다. 미화원까지 포함해서 말이다. 곧바로 가게로 달려갔다. 단팥죽을 여유 있게 사서 선물로 드렸다. 따끈하게 데워 드시고 몸을 녹이라고 하였다.

내게 감동을 안겨준 관리소장에게 감사의 마음을 담아, 얼마 전에 내 졸작 세 권을 선물하였다. 경비원이 그중 수필집 《바람떡》을 읽었던 모양이었다.

경비원에게 수필집 외에도 시집과 《만두계록》을 선물하였다. 그가 몇 번이고 감사 인사를 했다. 주는 책도 읽지 않는 세상에 먼저 책을 달라 한 그는, 분명 흔치 않은 사람이다. 받는 그가 아니라 주는 내가 오히려 감사할 일이었다.

그다음 날 오전 산책을 마치고 집으로 돌아오니 현관문 손잡이에 뭔가가 매달려 있었다. 유명 제과 상표가 박힌 종이 가방이었다. 이상하게 여기며 집에 들어와 뜯어보니 롤케이크였다. 그리고 메모지가 눈에 띄었다.

그가 쓴 것이었다. 글씨가 큼직하고 기운차 보였다. '베풀어주신 사랑에 감사하며 약소하나마 인사드린다.'라는 내용이었다.

졸작을 읽어주는 것만도 고마운데, 적지 않은 선물까지 챙겨주다니 당황스럽기조차 하였다. 인터폰으로 내 마음을 전했다. 그는 나보다 두 곱절, 세 곱절 더 고마움을 표시하였다.

며칠 후 그를 산책 중에 다시 만났다. 깜짝 반가워하며 내게 다가왔다. 책을 읽은 소감을 말했다. 수필집부터 읽었는데 하루면 다 읽겠더란다. 아까운 마음에 이틀에 나눠 읽었다고 한다.

그의 말이 이어졌다. 평소에도 내게 좋은 인상을 지녔단다. 그런데 막상 책을 접하고 보니 생각보다 훌륭한 분이라며 치하를 아끼지 않았다. 글 하나하나에 녹아있는 내 삶이 너무 보기 좋았다는 것이다. 듣기에 민망하였다.

 이어서 《만두계록》을 읽었단다. 손주들과의 십 년 동행기가 그에게 신선했던 모양이었다. 어떻게 그걸 기획하고 실천할 수 있었는지 모르겠다며 거듭 혀를 찼다. 그리고 이제는 시집을 읽는 중이라고 말했다.

 그 무렵 엘리베이터 안에 공고문 하나가 실렸다. '우수직원포상'이라는 제목이었다. 입주민에게 친절하고 맡은 일에 성실한 직원을 입주자대표회의에서 선발하여 포상하고 격려한다는 내용이었다. 우리 아파트에서 처음 있는 일이었다. 그가 뽑혔다. 그와 입주자대표가 나란히 찍은 사진이 첨부되어 있었다. 역시 뽑힐만한 분이 뽑혔다고 생각했다.

 내 어설픈 경험이 그에게 기쁨을 주었다니 행복했다. 사랑은 나눌수록 커진다는 말이 틀리지 않았다. 또한 '세상에는 남에게 줄 것이 하나도 없는 사람도 없고, 남의 도움이 필요하지 않은 사람도 없다.'라는 말이 문득 머릿속을 스쳤다.

 나는 아침 식사로 빵이나 떡을 즐긴다. 그가 준 롤케이크가 열흘 남짓 내 아침상을 기쁨으로 채워주었다. 작은 것에도 감사하는 그의 인품이 깃든 빵이지 않은가. 수고에 비해 많지 않은 보수를 받는 경비원이 마음 담아준 먹거리였기에 더욱 맛있었다.

 내 글을 읽고 공감해주는 이를 만나면 반갑다. 그들의 치하와 격려에 글을 쓸 용기와 힘을 얻는다. 그는 누구보다도 내게 큰 격려와 보람을 안겨주었다.

요즈음 한파와 함께 제법 많은 눈이 내렸다. 하지만 바깥세상과 달리 내 마음은 꽃피고 새우는 봄이다. 오늘도 내 삶 몇 조각을 이웃과 나누고 싶은 열망에 컴퓨터 전원을 켠다. 잠자던 기억이 깨어나 내게 말을 걸어온다. 두드리는 자판기 소리 따라 그림 하나가 완성되어 간다. 춥지만 따뜻한 겨울이다.

2부
사랑한다는 것은

셋째 손자 김재성의 고등학교 때 작품

말썽꾸러기들에게서 길을 찾다

　페스탈로치를 가슴에 품었었다. 내가 교단에 첫발을 디딜 때의 기억이 어제 일처럼 또렷하다. 그러나 초심을 오랫동안 유지하는 것은 쉬운 일이 아니다. 오래지 않아 교육자가 아닌 직업인으로 전락하고 말았다.
　일반계 고등학교 교사로 출발한 나는, 주된 관심사가 대학입학 시험이었다. 학교마다 경쟁이 심하고 학부모나 학생들의 관심도 오직 대학 진학이었다. 오죽하면 입시 전쟁이니, 입시 지옥이라는 말이 회자 되었겠는가.
　내가 근무한 지역은 전주였다. 지금과 달리 평준화 이후에도 한동안 이곳 일반계 고등학교에 배정받기란 만만치 않았다. 시기에 따라 다소 차이가 있지만, 한때는 전주시 중학생 절반 정도가 시골로 역 유학하는 형편이었다.

　자연히 전주시 고등학생 중에는 말썽꾸러기가 별로 없었다. 가정환경도 대체로 좋았다. 특별히 인성교육이나 생활지도가 필요 없었던 아이들이라, 교사는 대학 진학에만 힘쓰면 될 정도였다.

　그러던 중 뜻밖에 승진하여 같은 법인의 중학교 교감으로 발령이 났다. 학교 경영에 전보다 깊이 참여하게 된 것이다. 그것은 대학 입시 문제에서 벗어나 교육의 본령을 마주하는 일이기도 하였다.

　부임하던 날, 취임식 하랴 축하받으랴 정신이 하나도 없었다. 그런 와중에 선생님 한 분이 결재서류를 내밀었다. 학생 전학에 관한 것이었다. 선생님이 오죽 잘 판단했으랴 생각하고 결재하였다.

　잠시 후에 다른 선생님이 또 전학 관련 결재를 요청하였다. 개학식 날 두 번의 전학이라니 의아했다. 아까와 달리 사유를 물었다. 선생님이 이런저런 까닭을 들어 설명해주었다. 그럴듯해서 결재하였다.

　한 달쯤 지나 또 다른 선생님이 전학 관련 결재를 바랐다. 이번에는 세 명이었다. 중학교는 의무교육이라 학생의 비행으로 퇴학시킬 수 없다. 몇 가지 징계가 있을 뿐이다. 징계를 넘어 퇴학 처분할 만한 중대한 사유가 있을 때, 전학을 권유한다. 그러니까 가정 형편에 따른 전학이 아닌 경우, 그것은 퇴학을 의미하는 것이었다.

　한 명도 아니고 셋씩이라니…. 아이들의 비행은 반복되는 가출과 도벽이었다. 들어보니 학생들의 행위는 충분히 전학 사유가 될 만했다. 그런데 전학은 아이들의 앞날에 끼칠 영향이 너무 큰 문제라 좀 더 자세히 살펴봐야겠다는 생각이 들었다. 그들의 성품과 가정 형편까지도 말이다.

일단 결재를 보류하고 학생과 면담했다. 뜻밖에도 아이들은 온순하고 비행을 저지를 만해 보이지 않았다. 또한, 자신의 잘못을 잘 알고 있었다. 그런 애들이 왜 친구의 돈을 훔치며 무단가출을 하는지 궁금했다.

애들은 도둑질하지 않고서는 학교에 다닐 수 없다고 항변하였다. 중학교는 의무교육이라 수업료는 없지만, 그 밖에 내야 할 돈이 적지 않다는 것이었다. 교실 환경정리나 학급 비품비 외에도 스승의 날에는 선생님 선물 등의 명목으로 학급비를 수시로 걷는데, 안 낼 수도 없고 집에서는 돈을 안 주니 훔칠 수밖에 없다고 하소연하였다.

애들을 더 힘들게 하는 것은 간식 비용이었다. 학생들이 임의로 뽑은 간식 부장이 학생들의 요청에 따라 매점에서 이틀이 멀다 하고 외상으로 간식을 사다 먹고 나중에 갚는단다. 안 먹는다고 할 수도 없어 결국 도둑질해서 간식비를 내곤 하였단다.

학생들은 편부나 편모 또는 조부모 슬하에서 생활하고 있었다. 가정 방문을 했다. 두 가정은 집에 아무도 없었고, 한 아이 가정에서 아버지를 만날 수 있었다. 낮인데도 아버지는 술에 취한 채 잠자고 있었다. 방문한 까닭을 말씀드렸다. 취중이긴 했지만, 그분은 아이를 퇴학시켜 달라고 간곡히 부탁하였다. 도저히 가르칠 능력이 안 된다면서 말이다.

도둑질은 발각되기 마련이고 애들은 꾸중을 두려워한 나머지 가출을 일삼았다. 남학생과 달리 여학생의 가출은 또 다른 위험을 안고 있었다. 애들도 잘 알고 있었다. 그래도 달리 방법이 없다는 것이었다.

일주일에 얼마의 돈이 있으면 도둑질하지 않을 수 있느냐고 내가 물었다. 한 아이가 대답했다. "천 원이요." 그러자 옆에 있던 아이가 그 친구 옆구리를 살짝 치며 "어떻게 천 원 가지고 살아?" 그 아이에게 물었다. "얼마면 되는데?" "삼천 원이요."라고 대답하였다. 세 아이 모두 그 정도면 충분하다고 하였다.

그래서 내가 매주 삼천 원을 주기로 하고 애들은 절대 남의 돈을 훔치지 않겠다고 약속하였다. 그리고 일주일에 한 번, 정한 날 점심시간에 만나기로 하였다. 약간의 간식과 용돈을 준비해서 애들이 졸업할 때까지 지원하였다.

담임교사를 면담하고 그간의 경위를 설명하였다. 그리고 전학은 허락할 수 없다는 내 의사를 분명하게 전했다. 선생님의 반발이 심했다. 엊그제만 해도 평교사로 자기들과 똑같이 살던 사람이 교감이 되더니 페스탈로치처럼 행세한다며 비아냥거리기도 하였다.

그 뒤로도 여러 건의 전학 관련 결재 요청을 받았다. 그러나 한 번도 허락하지 않았다. 예나 지금이나 우리 학교만큼 아이들을 잘 보살필 곳이 없다는 믿음도 하나의 이유였다. 선생님들이 나에게 말썽꾸러기들을 지도해 보라기에, 그러겠다고 흔쾌히 승낙하였다.

아이들과의 점심시간 정기 모임이 점차 늘어났다. 마침내 일주일 내내 점심시간뿐만 아니라 청소시간까지 번갈아 가며 아이들을 지도하였다.

그리고 이미 전학 간 아이들 부모에게 연락하였다. 전학 처분에 대해 유감을 표명하고, 다시 우리 학교로 전학 온다면 받아주겠다고 약속하였다. 한 아이는 기쁘게 돌아왔고, 한 아이는 돌아오지 않았다.

선생님들의 반발이 더욱 거세졌다. 전학을 안 보내는 것도 모자라, 이미 전학 간 아이까지 다시 불러들이다니 이해할 수 없다는 것이었다. 교감이 되더니 책상머리에 앉아 신선놀음하는 것쯤으로 매도하기도 하였다.

내 의지에 지지를 보내는 선생님도 적지 않았다. 그분들을 중심으로 학생지도를 보다 합리적으로 운영하는 몇 가지 정책을 시행하였다. 그 중 하나가 삼성 재단의 지원을 받아 상담 활동을 강화한 것이다. 우리 학교 선생님과 상담하기를 꺼려하는 애들을 위해 매주에 한 번 외래상담사를 초빙해 상담하게 하였다. 그리고 매월 한 번씩 '평가회'를 가졌다. 또한, 학기마다 '슈퍼바이저'의 지도 아래 상담교사와 외래상담사 그리고 내가 참석하여 그간의 활동을 평가하고 앞으로의 활동계획을 협의하였다.

담임교사의 애로와 고충을 모르는 바는 아니었다. 내가 담임이었다 해도 그들과 같은 결정을 했을지도 모른다. 그렇다고 그들 뜻을 따를 수는 없었다. 그들 눈에는 내가 위선자나 이중인격자로 보이기도 했을 것이다. 교감이 된 전후가 너무 다르다고 생각했을 테니까 말이다. 그러나 '양상군자'를 칭송하고 격려하지는 못할망정 위선자, 이중인격자라고 비난만 하는 것은 결코 옳은 일이 아니다.

말썽꾸러기들이 중학교를 졸업하고 두세 달이 지났을 때였다. 중간고사를 마치고 모교를 찾아왔다. 애들은 모두 시골로 유학을 떠난 상태였다. 세 아이 모습이 중학교 시절과는 사뭇 달랐다. 의젓하고 당당해졌다. 그중 한 아이는 고등학교에 입학할 때 장학생으로 뽑혔노라고 자랑하였다. 사람이란 인정받고 존중받을 때 얼마나 아름다워질 수 있는지를 새삼 깨달았다.

내가 아이들에게 준 것에 비하면 받은 것은 몇 곱절이었다. 교육학 강의에서 배우지 못한 것을 말썽꾸러기들이 채워준 것이다. 또한, 아이들은 직업인으로 살아왔던 나를 다시 교육자로 일으켜 세워주었다.

한때 그늘졌던 말썽꾸러기들의 얼굴이 복사꽃처럼 환했다. 그리고 페스탈로치를 품었던 내 가슴에, 그들이 대신 자리 잡았다. 말썽꾸러기들은 오랫동안, 아니 지금까지도 별처럼 내 가슴을 아름답게 비추고 있다.

일당백

　이틀째 눈이 내린다. 온 세상이 하얗다. 쏟아지는 눈을 바라보니 심장이 쿵쾅거린다. 결국, 집을 나선다. 눈이 발목까지 쌓여 있다. 숱한 이들이 오가던 아파트 인도에 발자국이 하나도 없다. 태고의 모습처럼 엄숙한 고요와 순수가 펼쳐있다.
　내가 길을 낸다. '뽀드득' '뽀드득' 소리를 내며 눈이 아프다고 신음한다. 얼굴에 사뿐히 내려앉는 눈이 반가워 고개를 들어 하늘을 본다. 얼굴 위로 눈이 마구 쏟아진다. 환호성이 입안을 맴돌다 목울대 넘어 조용히 사라진다.
　며칠 전에도 첫눈답지 않게 많은 눈이 내렸다. 지난 몇 년 동안 이처럼 많은 눈이 내린 적이 없었다. 거기에 가뭄을 걱정했던 터라 더욱 반가웠다. 잃어버린 겨울 낭만을 되찾은 것은 덤이었다.

크리스마스가 눈앞이다. 그러지 않아도 설레는데 화이트 크리스마스에 대한 기대로 가슴이 고무풍선처럼 부풀어 오른다. 기쁨은 이게 다가 아니다. 분당에 사는 맏손녀가 보낸 크리스마스 카드가 서설 따라 도착한 것이다.

예전에는 크리스마스 무렵이나 연말연시가 되면 카드나 연하장을 적지 않게 받았다. 해마다 백여 장을 받았다. 거실에 빨랫줄처럼 노끈을 매달거나 문짝마다 'ㄹ'자 모양으로 노끈을 두르고, 그곳에 카드를 걸어두었다. 형형색색의 카드와 연하장은 기묘한 조화를 이루며 방안을 곱게 장식하였다. 설치예술 수준이었다. 두 달 정도 내게 행복을 안겨 주곤 하였다.

컴퓨터와 핸드폰의 보급에 따라 시나브로 카드와 연하장이 줄어들었다. 그리고 언제부턴가 서서히 자취를 감추었다. 그 자리를 카톡과 문자가 대신하였다. 그것들은 빠르고 편리하지만, 예쁜 카드에 마음을 꾹꾹 눌러 담아주던 것에 비하면 어쩐지 아쉽고 허전했었다.

세상의 변화와 관계없이 지금도 내겐 손녀가 보낸 크리스마스 카드가 배달된다. 그 아이는 글을 익힌 대여섯 살부터 한 번도 거르지 않고 카드를 보내주고 있다. 올해의 폭설과 한파도 가로막지 못했다.

봉투를 열어 카드를 꺼낸다. 크리스마스트리 앞에 눈사람이 서 있다. 추운지 눈사람이 빨간 털모자를 쓰고 있다. 귀엽고 멋지다. 트리에는 색색의 장식등이 켜져 있고 꼭대기에는 커다란 샛별이 밤하늘을 밝히고 있다. 하늘에서는 함박눈이 하염없이 내리고 있다.

조심스레 카드를 펼친다. 순간 입이 딱 벌어지고 탄성이 흘러나온다. 카드 양쪽 하얀 바탕이 꼭 시베리아 벌판 같은데, 그 위에 쓰인 스물두 줄씩의 문장이 마치 사관생도 열병하듯 조금도 삐뚤어지지 않고 반듯하게 정렬하고 있다. 글자는 활자처럼 단정한 차렷 자세다. 손녀의 성품이 그대로 엿보인다.

안부 인사에 이어 《월간문학》 수필 부문 '신인 작품상'을 수상한 것을 다시 축하해주고 있다. 아울러 좋은 글을 많이 써서 자신이 받은 것과 같은 기쁨을 독자들에게도 안겨주라는 당부를 잊지 않았다.

그리고 올 한 해를 회고하였다. 고등학교 2학년을 정신없이 보내면서 늘 자신을 경계하였단다. 바쁜 일과에 매몰되어 왜 바삐 사는지도 모른 채 삶의 목표를 잊지는 않았는지 말이다. 누군가가 "너 왜 그렇게 바쁘게 열심히 살아?"라고 물을 때, 망설임 없이 그 까닭을 당당하게 말할 수 있도록 깨어 살려고 애썼다는 것이다.

글을 읽으면서 몇 년 전 손녀와의 대화가 떠올랐다. 중학교에 갓 입학한 후였다. 장래 진로에 관한 대화를 둘이서 나눈 일이 있었다. 아이가 의사가 되고 싶다는 포부를 밝혔다. "왜 의사가 되려고 해?" 나는 그동안 작가나 외교관을 권유해왔던 터였다. 감수성과 상상력이 뛰어난 아이였기 때문이었다. 그 아이 어릴 적 수다를 들으며 늘 '빨간 머리 앤'을 떠올리곤 했었다.

손녀는 소꿉놀이할 때 특히 병원 놀이를 즐겨 하였다. 물론 아이는 언제나 의사요, 나는 환자였다. 꼼꼼하게 문진하고 진찰하고 처방한 다음, 복용할 약을 지어주고 주사도 놓아주었다. 덧붙여 주의사항도 빼놓지 않았다.

"의사가 된다면 어떤 의사가 되고 싶은데?"라고 내가 물었다. "이종욱 전 세계보건기구 사무총장이 내 로망이야."라고 아이가 망설임 없이 대답하였다. 인류의 보편적 의료 복지를 위해 일하고 싶다는 것이었다. 특히 아프리카 등 후진 지역의 의료체계를 돕고 싶다고 힘주어 말했다.

늘 어린애로 보이고 응석을 부릴 것만 같았던 아이가 언제 이렇게 훌쩍 자랐나 싶어 놀랐다. 내 소망을 접고 아이의 꿈을 지지하기로 마음먹고 격려를 아끼지 않았다. 아이는 자신의 꿈과 '꿈 너머의 꿈'을 위해 맞갖은 노력을 게을리하지 않았다. 대견하면서도 빠듯한 일상과 어디서든 머리만 기대면 잠드는 모습에 안타까움을 금할 수 없었다.

시간을 분 단위로 쪼개 쓰는 손녀가 보내준 크리스마스 카드가 내 책상 위에서 한겨울의 추위에도 뜨거운 열기를 뿜어내고 있다. 한때 방안을 꾸미던 카드와 연하장이 모두 끊긴 요즈음, 단 한 장의 크리스마스 카드가 방안을 지키고 있다.

그것은 길고 추운 겨울 속에서 외로움을 달래줄 뿐만 아니라 내 가슴에 기쁨과 보람의 꽃을 피운다. 그야말로 '일당백'이다.

애비

노래 한 곡이 나를 온통 흔들어 놓았다.

　　가뭄으로 말라버린 논바닥 같은
　　가슴이라면 너는 알겠니
　　비바람 몰아치는 텅 빈 벌판에
　　홀로 선 솔 나무 같은 마음이구나

〈불후의 명곡〉에서 가수 '린'이 부른 노래 가사의 일부다. 이 노래는 최백호 씨가 작사·작곡한 것인데, 그가 딸을 시집보내며 지은 것이란다.

린은 그 방송에 출연하기 얼마 전에 결혼했다. 그녀는 결혼하고서야 비로소 친정아버지의 심정을 헤아리게 되었다고 술회하였다. 그래서 신혼여행을 하던 일주일 내내 그 노래를 흥얼거리며 아버지를 그리워했다고 한다.

그 노래를 들었던 한 해 전에 나는 집사람을 잃었다. 그때의 내 심정이 딱 노래 가사 그대로였다. 가뭄으로 말라버린 논바닥 같았고, 비바람 몰아치는 텅 빈 벌판에 홀로 선 솔 나무 같은 마음이었다.

최백호 씨는 시집 보내는 딸을 그리워하며 눈물로 노래를 지었고, 린은 아버지를 그리워하며 흐느낀 채 노래를 불렀다. 나는 노래 들으며 집사람에 대한 그리움으로 울었다. 하나의 노래를 두고 각기 다른 사연으로 운 것이다.

린의 노래가 이어졌다.

> 그래 그래 그래 너무 예쁘다
> 새하얀 드레스에 내 딸 모습이
> 잘 살아야 한다 행복해야 한다
> 애비 소원은 그것뿐이다

이 대목에 이르러, 나는 지어미를 잃은 지아비에서 시집보낸 세 딸의 아버지가 되었다. 노랫말은 딸들의 결혼식장에서 수없이 되뇐 것들이었다. 세 딸 모두 참 예뻤다. 세상에서 그보다 더 아름다운 신부는 없었다. 포근한 친정의 품을 떠나 낯선 시댁으로의 출가는 딸 둔 부모에게는 근심 그 자체였다. 부디 잘 살아야 한다고, 행복해야 한다고 빌고 또 빌었다.

> 아장 아장 걸음마가 엊그제 같은데
> 어느새 자라 내 곁을 떠난다니
> 강처럼 흘러버린 그 세월들이
> 이 애비 가슴 속에 남아 있구나

딸들의 재롱에 세월을 잊고 살았다. 시집간다는 것은 머릿속의 일이지 가슴속의 세상에는 없었다. 그런데 어느 날 불쑥 새하얀 드레스를 입고 시집간다며 내 앞에 서 있는 큰딸이 얼마나 낯설었던지 모른다. 조금 더 잘해줄 것을, 조금 더 따뜻하게 안아줄 것을, 강처럼 흘러버린 그 세월이 야속하기만 하였다. 둘째와 막내도 마찬가지였다.

> 그래 그래 그래 울지마라
> 고운 드레스에 얼룩이 질라
> 참아야 한다 참아야 한다
> 애비 부탁은 그것뿐이다

우리 할머니와 어머니 세대는 시집가서 '귀머거리 3년', '벙어리 3년', '소경 3년'을 살았다고 들었다. 혹독했던 시집살이는 차라리 형벌처럼 느껴졌으리라. 이미자 님은 〈여자의 일생〉에서 '참을 수가 없도록 내 가슴이 아파도 여자이기 때문에 참아야만 한다'라고 노래하며 우리를 울렸다.

세상이 변해서 시집살이는 이제 옛말이 되었고, 전설 같은 이야기가 되었다. 오히려 요즈음에는 남자의 수난 시대가 시작된 것 같다. 그렇지만 나는 여자의 시집살이가 낙인처럼 머릿속에 박혀 시집가는 딸들을 마냥 웃음으로만 배웅할 수 없었던 모양이다.

언젠가 가족이 모두 모인 날이었다. 내가 아이들에게 〈애비〉를 들려주었다. 화기애애했던 집안 분위기가 침통해지고 딸들의 눈가에 이슬이 맺혔다.

"이 좋은 자리에서 지금 뭐 하시는 거예요?" 딸 하나가 물었다.

"내 장례식 장송곡으로 이 노래를 들려달라고…." 내가 말했다.

"그러잖아도 슬플 텐데 이 곡을 틀어달라고요? 자식 죽일 셈이에요?" 다른 딸이 눈물을 훔치며 목멘 소리로 대꾸하였다.

다행히 딸 셋 모두 행복하게 잘 살고 있다. 특별히 '참아야 한다.'라고 당부할 일도 없다. 감사할 일이다. 그렇지만 장송곡으로 〈애비〉를 듣고 싶은 마음은 변함이 없다. 딸들이 행복하게 살기를 바라는 친정 애비의 바람은 끝이 없나 보다. 새하얀 드레스를 입은 세 딸의 모습이 백합처럼 순결하게, 공작처럼 우아하게 눈앞을 스친다.

작지만, 작지 않은 미션

대여섯 개의 플래시가 여러 방향에서 한 곳을 비춘다. 무거운 침묵 속에 아버지의 손길이 바쁘다. 초등학생이었던 나는 키가 작아 의자 위에 올라 플래시를 비춘다. 팔이 아프고 손이 조금씩 흔들린다. 아버지의 호통이 내게 날아온다. "낙완아! 플래시를 잘 비춰줘야지!" 정신이 번쩍 들고 다시 팔에 힘을 준다.

아버지는 응급 환자가 아니면 자정 넘어 수술하였다. 그 무렵에는 전기 사정이 좋지 않아 자주 정전되곤 하였는데, 그나마 자정이 지나면 형편이 나았기 때문이었다. 물론 자정 이후에도 이따금 정전되었다. 수술 중의 정전은 그야말로 비상사태였다.

언제 정전될지 몰라 수술실에는 항상 여러 개의 플래시가 준비되었다. 문제는 손길이 부족하다는 것이었다. 그때는 가족이 총출동하다시

피 하였다. 나는 초등학교 삼사 학년 무렵부터 차출되었다. 한참 깊은 잠에 빠져 있는데 다급한 목소리가 나를 깨우곤 했다. 그때는 비몽사몽간에 수술실로 불려가 플래시 벌을 받았다.

4학년 여름방학이었다. 점심 먹고 내 방에서 방학 숙제하고 있었다. 간호사가 황급히 다가와 아버지가 부르시니 수술실로 가자고 일렀다. 어리둥절하며 수술실로 들어섰다. 더운 열기와 함께 수술실의 무거운 긴장감이 느껴졌다.

수술 중이던 아버지가 나를 바라보지도 않은 채 말씀하셨다. "너, 김제 다녀오너라. 자세한 이야기는 나가서 간호사 누나한테 들어라." 도대체 무슨 말씀인지 영문을 몰라 당황스러웠다. 간호사에 이끌려 밖으로 나왔다.

그녀의 말은 이랬다. 수술하는 도중에 예기치 않은 상황이 일어났다. 무슨 약이 필요한데 우리 고장 약국에는 어디에도 없다. 다행히 김제 어느 약국에 그 약이 있다는 것을 알아냈다. 병원 직원은 바빠서 누구도 자리를 비울 수 없다. 심부름할 사람은 너밖에 없다. 대충 이런 이야기였다.

그때까지 나는 혼자서 버스를 타고 고향을 떠나 본 일이 없었다. 가족들과의 여행조차도 흔치 않던 시절이었다. 날더러 혼자 김제에 가서 약을 사 오라고? 머리가 하얘졌다.

내 고향과 김제는 오십 리 거리다. 지금은 포장도로에 길은 곧게 뻗어 있다. 버스도 자주 다니고 이삼십 분이면 닿는다. 그 시절에는 비포장도로에 승객이 타고 내리는 곳이 따로 없었다. 버스 정차가 빈번해 김제까지는 한 시간 남짓 걸렸다. 어린 나에게는 심리적 거리감이 실제보다 훨씬 멀리 느껴졌다.

혼자였기에 설렘은커녕 두려움이 앞섰다. 김제는 버스를 탄 채 지나치긴 했어도 발을 디뎌본 일은 없었다. 낯선 그곳에서 약국을 잘 찾아갈 수 있을까? 제대로 되돌아올 수는 있을까? 바윗덩이 같은 걱정이 나를 짓눌렀다.

시간을 다투는 일이라 못 간다고 말할 형편이 아니었다. 약값과 왕복 차비를 받아 '차부'로 발길을 향했다. 당시 내게는 적잖은 돈이라 그것도 부담스러웠다. 처음 해보는 일은 무엇이든 쉽지 않은 법이다.

여름 한낮의 더위가 기승을 부리고 있었다. 원래 땀 많은 아이가 더위와 긴장에 땀이 비 오듯 흘러내렸다. 표를 사서 '안전여객'의 뒷자리 창가에 앉았다. 버스가 출발한 후 차 안에 시원한 바람이 불어와 긴장이 조금 풀리었다.

창밖 풍경은 아름다웠다. 벼가 한껏 자라 바람이 일 때마다 너른 들녘에 푸른 파도가 일렁이었다. 가슴이 뻥 뚫렸다. 다만 버스가 정차할 때마다 차 안으로 밀려오는 구름 같은 먼지는 고역이었다. 백산, 화호, 월촌을 거쳐 김제에 들어섰다.

김제 차부에 내렸다. 간호사 누나가 일러준 길 방향은 아무 도움이 되지 않았다. 두세 차례 행인에게 길을 물어 약국을 어렵지 않게 찾았다. 약사는 나를 보고 다소 의아한 듯 누구냐고 물었다. 자초지종을 말씀드렸더니 신통하다며 칭찬해 주었다.

약을 손에 쥔 나는, 임무의 반을 이룬 것 같은 기분이었다. 가슴이 벅차올랐다. 한시 빨리 약을 배달하고 싶은 마음에 한걸음에 차부로 달려갔다. 공교롭게 고향으로 가는 버스가 막 출발하려 했다. 뛰어올라 버스 안에서 표를 끊었다. 갈 때와 달리 올 때는 차가 더 빠른 듯했다. 손에 든 약봉지를 놓칠세라 꼭 쥐었다. 그것은 내게 보물단지였다.

고향에 도착하여 단숨에 집으로 뛰어갔다. 수술실에 들어서자 환호성이 울렸다. 어떻게 그렇게 빨리 다녀왔냐며 칭찬이 쏟아졌다. 아버지가 "낙완이가 다 컸구나. 네가 한목숨 살린 거야."라고 건네주신 말씀이 내 가슴에 훈장처럼 걸렸다.

수술실을 빠져나온 내 가슴은 풍선처럼 부풀어 올랐다. 심부름을 제대로 마친 것과 나 홀로 김제를 다녀왔다는 사실이 내가 생각해도 대견스러웠다. 누구도 못 할 일을 한 것만 같았다. 마치 모험가나 탐험가가 된 듯했다. 한나절 사이에 내가 부쩍 커버린 느낌이었다.

다시 책상에 앉아 있을 수 없어 집 밖으로 나왔다. 언제나처럼 또래 몇이 놀고 있었다. 내 무용담을 털어놓았다. 모두 믿기지 않는 눈치였다. "혼자서 김제를 다녀왔다고?" "정말?" "진짜로?" 나는 소설 속 '톰 소여'나 '허클베리 핀'이라도 된 듯 으쓱했다.

우리는 자연스럽게 우리의 놀이터이자 이틀 거리로 오르던 성황산을 올랐다. 그곳은 오밀조밀 정겹다. 우거진 숲과 온갖 새들이 언제나 우리를 반겼다. 우리는 비탈에서 구르기도 하고 나무에 오르는가 하면 상수리나 도토리 등을 줍곤 했다.

굽이굽이 산길을 돌아 정상에 서면 시야는 일망무제였다. 그중에서도 내 시선을 사로잡는 지점이 있었다. 평교, 백산을 향해 곧게 뻗은 신작로다. 직선 도로가 십 리쯤 되어 보였다. 그 길 위에는 늘 무지개 꿈이 뭉게구름처럼 피어났다. 김제와 전주를 향하는 길이었기 때문이었다. 서울을 가려 해도 그 길을 지나야 했다. 장차 내 꿈을 향한 길이었다.

그 길이 그날따라 새로웠다. 내가 오늘 저 길을 오간 것이다. 나 혼자서 말이다. 내 미래와 꿈을 살짝 엿보고 온 기분이었다. 무슨 일이든 해낼 수 있다는 자신감이 온몸을 휘감았다. 뜻밖에 주어진 심부름은 내게 '작지만, 작지 않은 미션'이었다.

중바위 가는 길섶

　전주의 명승지 가운데 하나로 승암산이 있다. '중바위'라고도 불리는 그곳에는 승암사 외에도 널리 알려진 천주교 유적지가 있다. '호남의 사도'라고 불리는 유항검 일가족 일곱 명의 합장묘가 그것이다. 그들은 조선 후기 천주교 박해 시절에 순교하였다. 그래서 그들이 묻혀 있는 승암산을 '치명자산'이라고도 부른다.
　그들 가운데 유항검의 아들 유중철 요한과 이순이 누갈다 부부가 특히 유명하다. 둘은 결혼했지만, 순결을 약속하고 동정 부부로 살았다. 혼자 살면서 일생 순결을 지키기도 쉽지 않은데, 젊은 남녀가 동정 부부로 산다는 것은 어렵고도 어려운 일이다. 그래서 그들을 '동방의 진주'라 부르며 칭송하고 있다. 유항검 가족묘를 흔히 '누갈다 묘'라고 부르는데, 동정 부부의 광채가 너무 눈부셔 다른 가족들이 그늘에 가려진 탓이리라. 성지순례나 기도를 위해 그곳을 찾는 천주교 신자들이 연중 끊이지 않는다.

  오래전 일이다. 내가 잘 아는 수녀 한 분이 기도하기 위해 누갈다 묘를 오르고 있었다. 그가 중바위 정상 부근에 이르렀을 때 땅벌에 쏘였다. 하필이면 허벅지였다. 치마를 들어 올릴 수 없었던 수녀는 급히 수도원으로 내려와서 치료를 받았다. 그 무렵 그분 외에도 그 근처에서 많은 사람이 같은 일을 겪었다.

  길섶에 땅벌 집이 있었는데, 벌들이 오가는 사람을 적으로 여긴 것이다. 벌집이 눈에 쉽게 띄지 않아 사람들이 별생각 없이 지나가다 화를 입었다. 나도 그곳을 지날 때 이따금 벌을 마주하곤 하였다.

  중바위에서 가까운 곳에 살던 우리 가족은 자주 누갈다 묘를 찾았다. 집사람은 기도하기 위해, 나와 아이들은 운동 삼아 오르던 산행이었다. 그곳을 지날 때면 늘 신경이 곤두서곤 하였다.

  큰딸이 초등학교에 갓 입학했던 어느 주말, 우리 가족이 치명자산에 올랐다. 그런데 그날은 그곳에 유난히 벌이 많이 날고 있었다. 누군가가 벌들을 놀라게 했던 모양이었다. 그런데 아뿔싸, 큰딸이 벌에 쏘이고 말았다. 머리와 등에 여러 차례 쏘였다. 땅벌은 꿀벌과 달리 독이 강하다. 벌침을 재빨리 뽑았지만 금방 부어오르고 아이가 고통스러워했다, 치료를 위해 곧바로 하산했다.

  딸이 화를 입게 되자 생각이 바뀌었다. 조심해서 될 일이 아니었다. 벌과의 전쟁을 결심했다. 모기장을 뜯어 벌쏘임 방지 모자를 만들고 괭이, 호미와 가정용 살충제 등을 챙겼다. 봄철임에도 겨울 점퍼를 꺼

내 입고 가죽 장갑과 플래시도 잊지 않았다.

　벌이 집에 돌아올 시간에 맞춰 산에 올랐다. 해가 서산에 질 무렵의 산은 고요했다. 오가는 이 하나 없는 어두워지는 산길을 씩씩거리며 올라갔다. 준비를 철저하게 한다고 했지만, 걱정이 전혀 없던 것은 아니었다.

　벌집을 찾아 살충제를 뿌려 벌들을 쫓아냈다. 산에 난리가 났다. 수십 마리 벌들이 윙윙거리며 나를 위협했다. 괭이와 호미로 땅을 파 벌집을 제거하였다. 완전무장한 덕분에 다행히 벌에 쏘이지는 않았다.

　안전한 곳에 이르러, 땀으로 범벅이 된 점퍼와 장갑, 방충 모자를 벗었다. 밤공기가 그렇게 상쾌할 수가 없었다. 산 아랫마을에는 불빛이 곱게 깜박이고 있었다. 아름다웠다. 그러나 무엇보다 위험한 벌집을 제거한 일이 뿌듯했다. 아비로서 딸을 지켜주지 못했던 미안함이 다소 덜어진 기분이었다.

　집에 도착하니 가족의 걱정이 이만저만이 아니었다. 무사히 돌아온 나를 개선장군처럼 반겼다. 누구보다 큰딸이 반갑게 맞이하였다. 그 아이는 중무장하고 산에 오르던 내 뒷모습이 그렇게 미더울 수가 없었단다.

　그 일 이후로 그 길은 안전해졌다. 기도하러 다니던 많은 이들이 행복해했다. 그 수녀 또한 내게 감사했다. 거의 매일 누갈다 묘를 찾던 집사람이 특별히 고마워하며 치하를 아끼지 않았다. 가족 산행 중 그곳을 지날 때면 아이들은 나의 무용담을 늘 입에 올렸다.

　오랜 세월이 흘러 그 시절을 추억하며 글을 쓰려니 불현듯 할머니가 떠오른다. 그분은 배움은 적었지만 지혜롭고 선량한 분이었다. 특히 '생명의 경외'를 실천한 분이었다. 내가 방 안의 파리나 개미를 잡을 때면 으레 "저것들도 한 생을 살려고 나왔는데 너무 심히 잡지 말아라." 하며 나를 타이르곤 하셨다.

얼마 전에 들은 이야기다. '기후 변화의 위기에서 지구를 구하는 가장 좋은 방법이 무엇인가?'라고 AI에게 물었더니, '인간이 지구에서 사라지는 것'이라고 대답했단다. 섬뜩하고 당황스러웠다.

스웨덴의 환경 운동가인 그레타 툰베리가 초등학교 시절 등교 거부를 선언했다. 그는 매주 금요일 학교에 가는 대신 국회의사당 앞에서 기후 변화에 대해 적절한 대책을 마련하라며 '1인 시위'를 했다. 스웨덴은 이산화탄소 마이너스 배출국인 데도 말이다. 어린 소녀가 지구의 미래를 걱정한 것이다.

환경오염과 자연 파괴에 대한 우려의 목소리가 곳곳에서 들려온다. 한 브라질연구소에 따르면 날마다 축구장 3천 개 면적의 아마존 삼림이 파괴된다고 한다. 그러니 지구 전체로는 얼마나 될까? 상상이 안 된다. AI의 진단이 허구가 아니라는 것만은 분명한 듯하다.

삼림 파괴는 수많은 동물의 보금자리를 파괴한다. 멸종 위기 동물의 종이 급속하게 늘고 있다는 걱정이 나라 안팎에서 들려온다. 동물의 서식지가 줄어듦에 따라 사람과 동물의 접촉과 충돌이 잦아지고 있다.

잠시 혼란스럽다. 벌 소탕 작전은 모두의 안전을 위해서였다지만 적잖은 살생은 내 업으로 남았다. 언제 어떻게 업보를 감당할지는 내 몫이다.

벌과의 전쟁을 위해 해질녘 산 위를 오르는 아빠를 어린 딸이 애틋한 눈길로 바라본다. 지천명에 이른 그 딸은 여전히 늙은 애비를 애틋한 눈길로 바라보고 있다.

삼 남매는 용감하였다

 살다 보면 특별한 인연을 만난다. 그와도 그랬다. 그는 고2, 나는 삼십 대의 담임교사였다. 그는 공부나 재능이 뛰어나지는 않았다. 얼핏 보면 평범해 보였나. 그러나 그것은 그를 잘못 본 것이다.
 그 무렵 그를 보며 이런 생각을 했던 기억이 난다. 만일 사람의 성품을 저울로 잴 수 있고, 훌륭한 성품을 지닌 사람을 뽑는 대회가 있다면 그는 강력한 금메달 후보감이라고 말이다.
 그의 겉모습은 단정하고 반듯했다. 흐트러진 모습을 본 적이 없다. 학교생활도 마찬가지였다, 매사에 진중했다. '건성건성'과는 거리가 먼 학생이었다. 할 일은 제대로 하고, 있어야 할 곳에는 반드시 있었다. 조회, 종례에서 일상 하는 나의 말에도 그는 눈을 똑바로 뜨고 귀 기울였다.

당시 나는 아이들에게 주말에는 '집을 떠나라.'라고 당부하였다. 집에서는 편안해서 게을러지기 쉽기 때문이었다. 토요일 오후나 일요일에 학교 교실에서 공부하라고 권유했다. 그는 빠짐없이 그렇게 하였다. 일요일에도 일찍 학교에 나와 종일 책과 씨름하였다. 그는 수능 시험 전날에도 예비소집에 다녀온 후, 학교로 돌아와 해 질 녘까지 공부했던, 단 한 명의 아이였다. 그는 "머리부터 발끝까지 예뻐 예뻐, 처음부터 지금까지 예뻐 예뻐"라는 어느 노랫말 가사 그대로였다.

외향적인 성격은 아니었지만 중요한 일은 나와 상담하는 것을 어려워하지 않았다. 3학년으로 진급하면서 그는 새로운 담임을 만났다. 그러나 진학 문제 등 중요한 일은 내게도 의논하곤 했다. 자연히 정이 쌓여갔다.

그는 우리 고장에 있는 대학에 진학했고 4년 내내 학과 수석을 놓치지 않았다. 대학에 진학한 후에도 이따금 만나 대화를 이어갔다. 대학에 입학한 첫해 여름방학을 앞두고 방학을 어떻게 보내야 하냐고 내게 물었다.

서울에 올라가 영어를 집중해서 공부하라고 일렀다. 그는 방학 때마다 서울로 올라가 영어 공부에 전념하였다. 그의 영어 실력은 일취월장하였다. 이 경험은 훗날 그에게 큰 힘이 되었다.

그와의 지속적인 교류는 가족과의 교류로 이어졌다. 자연스럽게 동생들의 진학 문제도 내게 의논해 왔고 나는 성심껏 도왔다. 그들도 내 조언을 잘 받아들였다. 여동생도 우리 고장 대학에서 그와 마찬가지로 생물학을 전공했고, 남동생은 의과대학으로 진학하였다.

그의 학구열은 대단했다. 대학을 졸업한 후 만만치 않은 경쟁을 뚫고 서울 유명 대학교의 식품영양학과에 편입했다. 지도교수의 신임을 얻은 그는 그 대학교 대학원에 진학했다. 석사학위를 마치고 미국에 유학하여 장차 학자로서의 꿈을 펼칠 계획이었다.

누군가가 너무 예쁘고 행복하면 천사도 질투한다고 들었다. 천사가 질투한 탓이었을까? 그에게 시련이 닥쳤다. 아버지 사업에 빨간불이 켜진 것이다. 잘 살던 사람이 궁핍해지면 더 힘든 법이다. 그러나 갑자기 밀어닥친 폭풍 속에서도 그는 꿈을 포기하지 않았다. 보장된 대책이 있었던 것이 아니었지만, 그는 미국으로 향했다.

그의 미국 유학 생활에 대해서 나는 잘 모른다. 그러나 짐작할 수는 있다. 부모 지원 없이 이국 타향에서 공부하는 것이 얼마나 힘들었을지를 말이다. 그것도 인종적 차별이 있고 자본주의가 발달한 미국에서라면 더욱 그렇다. 그는 공부와 일을 병행했다. 얼마간 저축하면 한두 강좌 수강하고 다시 일터로 향하곤 했다. 자연히 공부에 진척이 더딜 수밖에 없었다.

그는 마침내 '임상 영양사'가 되었다. 이것은 식품영양학과를 졸업하고 국가고시에 합격한 다음, 인턴과정을 거쳐야 자격을 취득할 수 있다. 일반 영양사와 달리 의료기관에서 의사의 처방전에 따라 환자에게 환자식이나 질병 치료에 알맞은 식단을 제공해 줄 수 있다.

그 사이 여동생은 결혼하고 두 아이 엄마가 되었다. 신랑은 탄탄한 회사의 사원이었다. 동생도 언니 못지않게 향학열에 불탔다. 아우도 언니 곁으로 유학길에 올랐다. 남편의 지원이 있긴 했지만, 양육과 공부로 쪼들리긴 언니나 매한가지였다. 서로 끌고 밀며 경제적 궁핍을 이겨냈다. 어려서부터 자매는 네 것, 내 것이 따로 없었다. 언제나 '우리'를 내세웠다.

 아우는 한의사가 되었다. 그리고 둘이서 한의원을 차렸다. 아우는 진료와 처방을, 언니는 아우의 처방에 따라 식단을 짜주며 협업하였다. 친절하고 정직하며 성실한 그들은 사람들의 인정을 받았다. 환자들이 늘고 수입도 많아졌다. 맨손으로 떠난 그들이 마침내 미국에서 금자탑을 쌓은 것이다.

 하지만 아쉬운 것은, 그가 그렇게 갈망했던 학자로서의 꿈을 이루지 못했다는 점이다. 그는 맏이로서 자신보다 부모님과 동생들을 앞세울 수밖에 없었다. 그는 자신의 꿈 대신 집안을 일으키고 두 동생을 의사로 키워내는 데 온 힘을 쏟았다.

 두 누나가 유복한 가운데 대학을 마친 것과 달리 막내는 대학에 입학하자마자 가시밭길이 기다리고 있었다. 용돈은 고사하고 등록금 마련조차 힘들었다. 그 무렵 나도 몇 차례 학자금 대출 보증을 서주며 아이를 격려하였다. 그는 굳센 의지로 힘든 시기를 잘 버텨냈다.

 어렵사리 공부를 마친 막내는 마침내 흰 가운을 입고 청진기를 목에 걸었다. 시골 준종합병원에서 내과 의사로 일한 막내는 억대 연봉을 받았다. 하지만 그가 사는 모습은 여느 의사와는 사뭇 달랐다.

 원룸에 신접살림을 차린 막내는 최소한의 생활비를 아내에게 주었다. 봉급의 대부분은 부모님 생활비와 두 누나 학자금 외에도 부모님 빚을 갚는 데 썼다. 아이 셋이 자라서는 투룸으로 이사했고, 지금은 교회 종지기를 위해 지은 집에서 전세를 살고 있다. '지혜로운 아내는 사내에게 최고의 행운이다.'라는 말은 막내 같은 사내에게 딱 어울리는 표현이다.

막내의 아이들은 TV를 모르고 어린 시절을 보냈다. 학원에도 가 본 적이 없다. 피아노는 언감생심이었다. 아이가 셋인 데다가 무주택자라 아이들은 학교에서 우윳값을 내지 않아도 되었다. 그는 한국에서 가장 가난한 의사 중 하나였다.

행운은 미국에서부터 시작되었다. 한의원이 성공하면서 누나들은 그들에게 도움을 주던 막내 어깨의 짐을 덜어주기 시작하였다. 그리고 마침내 셋이 힘을 모아 부모님의 빚을 모두 갚았다. 강산이 세 번 바뀐 세월만이었다.

부모의 빚은 자식이 갚지 않아도 된다. '상속 포기 각서'만 쓰면 된다. 그런데도 삼 남매는 '내 돈이 소중한 것처럼, 남의 돈도 소중한 것이다.'라며 아무에게도 피해를 주지 않으려고 마지막 한 푼까지 갚았다. 그것은 또한 부모님의 명예를 소중히 여기고 지켜드리려 한 효심이기도 하였다.

빚을 웬만큼 갚았을 무렵 삼 남매의 집 장만 문제가 화두가 되었다. 그러나 그들은 남의 돈을 갚기 전에 집을 사는 것은 채권자들에 대한 도리가 아니라며 온전히 갚은 후에 집을 사기로 했다.

집을 사려 할 때도 누나 먼저, 동생 먼저 하며 서로 사양하였다. 결국, 미국 누나들이 먼저 사고 막내는 맨 나중에 장만하기로 의견을 모았다. 그런데 막내는 아직도 기꺼운 마음으로 전세살이를 하고 있다.

빚에서 얼마간 해방될 무렵, 막내는 숨겨두었던 자신의 꿈을 끄집어 냈다. 인술을 베푸는 의사에서 연구하는 의사가 되고자 하였다. 사실, 그가 인턴과 전문의 과정을 밟을 때 교수들은 그를 높이 평가하였다. 그리고 그가 대학에 남기를 바랐었다. 그러나 그에게는 자신의 문제보다 부모님과 누나들이 우선이었다.

접었던 꿈을 다시 펼치려 할 때 대학에서는 그를 전폭적으로 환영하였다. 누나들도 동생을 지지하고 격려하였다. 그리고 의과대학 교수가 되었다. 수입이 반으로 줄었다. 그러나 아무 문제가 되지 않았다. 부족한 것은 누나들이 채워주었다.

삼 남매가 함께 이뤄야 할 다음 꿈은 막내의 병원을 차리는 것이었다. 오랜 준비 끝에 마침내 광주의 도심에 모두가 부러워할 만한 병원을 세웠다. 한의사 누나는 미국에서의 경험을 토대로 우리네 여느 병원과 차별화된 운영 시스템을 구축하기 위해 한국과 미국을 오가며 병원 설립에 힘을 보탰다.

이제 남은 삼 남매의 꿈은 오직 하나다. 예전에 그랬던 것처럼 부모님 곁에서 삼 남매가 다시 뭉치는 것이다. 미국에서 이룬 멋진 결실을 남겨두고 오는 건 안타깝지만 가까운 시일 안에 그렇게 하기로 합의하였다.

어느 날 온실에 폭풍이 불어 닥쳤다. 모든 것을 잃은 채 맨손이 되었다. 어린 삼 남매는 스스로 앞날을 헤쳐나가야 했다. 산더미 같은 부모님 빚을 갚을 결심을 하면서 말이다. 그리고 그들은 칠흑 같은 기나긴 터널을 잘 빠져나왔다. 그럴 수 있었던 것은, 동아줄 같은 그들의

'형제애'였음은 두말할 나위 없다.

그들의 아름답고 감동적인 삶을 누구보다 가까이에서 지켜본 나의 감회는 남다르다. 그들의 삶은 한 편의 대하소설을 읽는 것 같았다. 재주가 없던 나는 그들의 삶을 그려낼 수가 없었다.

뒤늦게 문학에 입문한 나는 비로소 그들을 글로 그려내기 시작했다. 처음에는 몇 줄의 시로, 이제는 수필로 그린다. 대하소설로 그릴 날은 오지 않을 게 분명하다. 속상하고 아쉽다. 그러나 어찌하겠는가. 내 능력이 이뿐인 것을⋯.

인간의 성품을 저울로 잴 수는 없다. 하지만 훌륭한 성품을 가진 사람을 뽑는 경기가 있다면 그는 금메달감일 것이라고 앞서 말한 바 있다. 개인전이 있다면 단체전도 있지 않겠는가? 그렇다면 단체전의 금메달도 틀림없이 삼 남매의 몫이라고 믿어 의심치 않는다.

삼 남매는 기회가 닿을 때마다 내게 감사한다. 그러나 그들만큼 나도 그들에게 감사한다. 그들은 내게 교사로서의 보람과 기쁨을 안겨주었다. 그뿐만 아니라 그들은 삶을 통해 내 인생의 스승 노릇도 해주었다.

삼 남매를 바라보니 거대한 산맥의 등줄기처럼 든든하고 미덥다. 그들에게 마음의 꽃다발을 한 아름 안겨준다. 그리고 그들의 귓가에 나지막이 들려주고 싶다. '삼 남매는 용감하였다.'라고.

어쩌다 여기까지 왔을까?

드디어 터질 것이 터졌다. 올 7월에 서울 서이초등학교에서 한 교사가 극단적 선택을 했다. 꽃다운 24세의 여교사였다. 사달은 '연필 사건'에서 비롯되었다. 선생님 반 학생 하나가 친구의 이마를 연필로 그었다. 피해 아이의 부모가 민원을 제기했다. 그는 교육청 조사 과정에서 시달리고, 학부모로부터 괴로움을 당한 것으로 알려졌다. 결국, 고통을 이기지 못하고 스스로 짧은 생을 마감하였다.

요즈음 학교 현장이 우리가 생각하는 이상으로 어수선한 모양이다. 숙제를 해오지 않았거나 수업시간에 장난을 칠 때, 또는 대놓고 잠을 잔다고 해도 주의나 벌을 줄 수 없다고 한다. 손바닥 때리는 것은 생각할 수도 없고 교실이나 복도에 세워두어도 안 된다. 그냥 내버려 두어야 한다.

그런 환경에서 교육이 제대로 이루어질까? 듣기도 민망하다. 그런 데에는 그럴만한 까닭이 있다. 학부모는 걸핏하면 아동 학대니, 아이 인권이니 하며 민원을 제기한다. 아이는 꾸중 듣게 되면 동영상을 촬영하거나 녹음기를 켠단다. 그리고 곧바로 경찰서나 교육청에 신고하는 일이 심심찮다고 한다. 교사들은 할 수 있는 게 아무것도 없다고 하소연하는 실정이다. 그들은 늘 민원의 공포에 시달린단다.

자면 자는 대로, 떠들면 떠드는 대로 놓아둔다는 자조적인 푸념이 우울한 안개처럼 드리운 학교라니 상상만 해도 슬프다. 교장이나 교감, 교육 당국에서는 그저 민원이 발생하지 않도록 당부할 뿐이란다. 이 또한 서글프다.

물론 과장된 이야기거나, 오히려 이보다 상황이 더 좋지 않은 경우가 있을지 모른다. 어떻든 우리 교육 현실이 황폐해진 것만은 분명한 것 같다. 어쩌다가 여기까지 왔을까?

고루한 이야기를 꺼낸다. 예전 우리는 '군사부일체'를 내세우며 스승을 공경했다. 부모보다 스승을 앞세웠다. 어디 그뿐인가? '스승의 그림자도 밟지 않는다.'라고 가르치며 스승에 대한 경외와 예를 강조하였다.

스승은 제자를 훌륭한 인격체로 성장시키며 보람을 찾았다. 경제적 궁핍이나 고된 업무 따위는 별로 개의치 않았다. 그래서 '선생' 하면 가난이 먼저 떠올랐다. 스승은 제자의 성장과 성공을 보상으로 여겼다.

내가 현직에 있던 얼마 전만 해도 '때려서라도 사람을 만들어주십시오.'라는 말을 학부모에게서 자주 들었다. 지금은 '꽃으로라도 때리지 말라.'라고 말한다. 옳은 말이다. 아무리 좋은 뜻이라도 아이를 때리는 건 좋지 않다. '매를 아끼면 아이를 버린다.'라는 서양 속담이 있기는 할지라도 말이다.

그렇다고 '올바른 훈육조차 해서는 안 된다.'는 것은 다른 이야기가 아닐까? 아이의 행동 교정을 위해서라면 애정 어린 훈육은 허용되어야 하지 않을까? 그런데 이런 말조차 실제 교육현장에서는 통하지 않는 모양이다.

올 9월에도 대전 유성구에 있는 한 초등학교 교사가 목숨을 끊었다. 사건의 발단은 2019년으로 거슬러 올라간다. 그가 친구를 폭행한 학생을 교장실로 보냈다는 이유로 4년간 14차례의 민원에 시달렸다. 민원 내용은 교사가 아동을 학대했다는 것이다. 그렇지만 그는 훗날 '학폭위'와 경찰로부터 무혐의를 받았다.

유성구의 다른 학교로 옮긴 그는 1학년을 담임했다. 대체로 1학년 아이들은 천진하고 순박하지 않은가? 그런데 그중에 이른바 '4인방'으로 알려진 까다로운 아이들이 있었다. 학부모도 마찬가지였다. 이전 학교, 새 학교 일로 심신이 지친 그가 병가에 들어갔다.

그 자리를 35년 차 경력의 기간제교사가 맡았다. 한 달 반 동안이었다. 기간제교사가 부임하던 날 교장과 교감에게서 조언을 들었다. '4인방'을 조심하라고 말이다. '무슨 짓을 하든 내버려 두어라.'라는 말을 덧붙여 들었다.

그런데 수업 중에 넷 중 한 아이가 태도가 좋지 않아 주의 주었다. 그러자 그 아이가 "북대전 아이씨팔, 북대전 아이씨팔"이라는 말을 반복적으로 하는 게 아닌가! 교사가 물었다. "너, 욕하는 거니?" 아이가

"아니요, 그냥 북대전 IC를 말한 거예요."라고 답했다. 교사는 겨우 열흘을 넘기고 사표를 냈다. 도저히 감당할 방법이 없었다고 한다.

병가 중이던 교사가 집에서 극단적 선택을 하였다. 다시 교단에 돌아갈 의욕도, 살아갈 희망도 찾을 수 없었던 것 같다. 그는 곧바로 병원으로 실려 갔지만, 이틀 만에 숨지고 말았다.

11월에는 경기도 시흥시 한 초등학교에서 이런 일이 벌어졌다. 수업 중 3학년 어떤 교실에 학부모가 난입했다. 대뜸 한 아이에게 다가가 호통치며 때릴 태세였다. 교사가 말렸다. 학부모는 교사에게 "네가 잘 했으면 이런 일이 없었을 것 아니야! 네가 교육을 잘했어야지."라고 고함쳤다. 자기 자식이 보는 앞에서 말이다. 아이들끼리 싸운 일 때문이었다.

초등학교 교사인 딸의 말이다. 내 말이 대체로 맞긴 하지만 일반화할 정도로 심각한 수준은 아니란다. 오히려 혼내서라도 아이를 바르게 기워달리거니, 상담 과정에서 미안하다며 고개를 들지 못하는 학부모도 적지 않다고 한다. 그리고 한마디 덧붙였다. 몇 명의 말썽꾸러기보다 귀가 막힌 학부모 한 명이 더 힘든 건 사실이라고 말이다. 마음이 다소 놓였다.

우리는 지난 몇 달 동안 매월 한 차례씩 교사들의 분노와 호소를 목격했다. '학생인권조례'를 개정하여 황폐해진 교권과 교육현장을 살려달라는 교사들의 절규도 들었다. 한때 초등학교 여교사는 선망의 대상이었다. 여교사는 최고의 신붓감으로 여겨졌다. 그런데 이제 '3D' 업종의 하나로 전락했다는 말조차 들린다.

내가 대학에 입학한 해였다. 교양과정부에서 제2외국어로 중국어를 선택했다. 교재 중에 '미화 10달러'가 나왔다. 그런데 교수님이 '미국 돈 10원'이라고 번역했다. 단위는 원문대로 번역해야 옳지 않냐고 질문했다. 교수님이 앞에 '미국 돈'이란 말을 넣었으니 '10원'이라고 해야 옳다고 말씀하셨다. 내가 재차 질문했다. "그렇다면 케네디는 미국 대통령 박정희라고 번역해야 하나요?" 교수님이 잠시 나를 노려보더니 내게 다가왔다. 그러고는 내 뺨을 힘껏 내리쳤다. 그리고 아무 말 없이 수업을 그만둔 채 교실 밖으로 나갔다.

황당했다. 그러나 어쩌랴? 언짢은 기분을 달래며 이어지는 수업을 받았다. 그런데 뺨을 얻어맞은 쪽 귀가 잘 들리지 않았다. 수업 끝나고 병원을 찾았다. 고막이 터졌단다. 새삼스럽게 화가 났다. 진단서를 떼어 교수님을 고소하려고 마음먹었다.

억울함도 호소하고 필요한 경비를 조달하려고 아버지께 전화했다. 내 말이 끝나기도 전에 수화기에서 불호령이 떨어졌다. "뭐? 교수님을 고소한다고? 나쁜 놈! 당장 그만둬. 치료 잘 받고." 역성은커녕 꾸중만 듣고 말았다.

모처럼 반가운 소식을 들었다. 엊그제 '아동학대처벌법 개정안'이 국회 본회의를 통과했다. 교원의 정당한 교육 활동은 아동 학대로 보지 않는다는 내용이다. 목숨을 바쳐, 혹은 불볕더위 속에서 땀 흘리며 울부짖은 교사의 함성에 우리 사회가 비로소 응답한 것이다.

갈 길이 멀다. 그러나 올바른 방향으로 걸음을 떼기 시작했다. 잠자던 우리의 이성이 기지개를 켠 것이다. 그동안 피폐한 교육 환경에서

묵묵히 교단을 지켜온 선생님들께 우레와 같은 박수를 보낸다. 그 길목에서 자신의 몸을 살라 교육을 구하려 한 선생님들의 명복을 빈다.

계묘년 연말 어느 멋진 날에

계묘년이 끝을 향해 쏜살같이 흐른다. 한 해를 보내는 게 아쉽다며 얼굴 보자는 사람이 많다. 일정표가 빼곡하고 발걸음이 분주하다. 백수도 바쁘다.

다정한 벗 하나와 약속을 잡았다. 한 해를 함께 마무리하기에 딱 좋은 친구였다. 약속 장소도 좋았다. 식사 비용이 부담 없고 식후에 편하게 들를 카페도 가까이 있다. 더욱이 그 카페 사장님은 일부러 찾아가고 싶을 정도로 가까이 지내던 분이다.

몇 해 전 우연히 그 카페에 들렀다. 소박하지만 운치가 있었다. 벽에 그림이 가득하고 한쪽에는 책이 쌓여 있었다. 모두 그가 그리고 쓴 것이었다. 화가며 작가다. 대화 상대로도 그만이었다. 젊은 여인의 뜨거운 삶이 보기 좋았다.

서로 낯이 익숙해진 즈음, 그가 나를 카페로 초대했다. 그리고 한나절 동안 '캘리그라피'를 체험토록 해주었다. 수강료 없이 커피 한 잔까지 대접해주면서 말이다. 나의 시집 제목인 '그루터기의 꿈'을 그렸다. 그 후 이따금 들러 안부 묻고 위안을 얻었다.

그런데 호사다마랄까, 친구가 약속을 지키지 못할 형편이 생겼단다. 어쩌겠는가. 살다 보면 흔한 일이다. 한 가지 아쉬운 점은 카페 사장님과 올해 마무리 인사를 나눌 수 없게 되었다는 것이다. 왠지 두 개의 약속이 깨진 듯한 기분이었다.

그때 홀연히 멋진 생각이 떠올랐다. 친구와의 약속을 친구 없이 지켜보자는 것이었다. 나 홀로 나들이에서 나만의 시간을 즐기고 싶었다. 다람쥐 쳇바퀴 돌듯 떠밀려 살던 길에서 잠시 벗어나 나 자신과의 조우도 나쁘지 않을 것 같았다.

약속 장소까지 오가는 시내버스를 명상의 시간과 장소로 활용하기로 하였다. 그렇다면 연말 계획 하나는 살리는 셈이다. 갑자기 마음이 바빠졌다. 마음먹었던 선물을 챙겼다. 카페 사장님은 내가 아는 중에 가장 책을 좋아하는 사람 중의 하나다.

두 권을 정성껏 담았다. 내가 몸담은 동인지 《아람수필 제9호》와 착각의 시학 시끌리오 제18호인 《키보드에서 단내나다》였다. 각각 내 글이 두 편씩 실려 있다. 그를 위해 따로 준비해 둔 것들이다.

과거에도 그에게 적지 않은 책을 선물한 바 있었다. 선물을 받을 때마다 그는 보물을 안은 듯 기뻐하였다. 내가 그 카페를 들를 때 빈손으로 간 일은 없었다.

잘 차려입고 시내버스에 올랐다. 버스에 오르고 내리는 사람마다 제각기 다른 사연을 가슴에 품고 있어 얼굴만큼의 인생이 버스 안에 차곡차곡 채워졌다. 고요한 곳에서의 명상도 좋지만, 때로는 분주한 버스 안도 인생 공부 교실로 손색없어 보였다.

언제부턴가 연말 우리 거리가 쓸쓸해졌다. 오래전에는 요맘때쯤 가게마다 크리스마스 장식으로 꽃단장하고, 거리에는 크리스마스 캐럴이 울려 퍼지곤 했다. 그런데 그날은 연말 분위기를 찾아보기 힘들었다. 살기가 팍팍해진 탓일까? 이런저런 규제 때문일까? 공연히 내 마음도 어두워졌다.

스쳐 가는 거리 풍경 따라 여러 상념이 머리를 스쳤다. 기쁨과 슬픔, 아쉬움이 주마등처럼 흘러갔다. 해마다 그랬던 것처럼 빛과 그림자가 함께하고, 높은 봉우리와 깊은 계곡을 오르내리던 한 해였다. 인생이란 본래 그런 것이려니 하면서도 최선을 다하지 못한 미련만은 어쩔 수 없었다.

올해 내게 가장 큰 기쁨을 안겨준 것은 《바람떡》의 출판이었다. 내 삶의 보잘것없는 조각들을 모아놓은 것이다. 부족한 내가 이런 알찬 열매를 거둘 수 있었던 것은, 오로지 스승님과 벗들의 도움 때문이었다.

인생길에서 훌륭한 스승을 만난다는 것은, 낯선 길에서 최신 버전의 내비게이션을 얻는 것과 같다. '맹장 밑에 약졸 없다.'라는 말도 비슷한 맥락이다. 벗들은 먼 형제보다 더 따뜻하게 나를 품어주었다. 그들 덕분에 늘 꽃피는 봄을 살았다.

올해도 이별의 아픔이 적지 않았다. 둘째 자형과 어머니 마지막 혈육인 막내 외숙 외에도 누구보다 나를 아껴준 이종사촌 형을 잃었다. 그분들뿐이겠는가? 상실의 시절을 사는 나는, 늘 옆구리에 이별을 낀 채 살아간다. '오늘은 내 차례, 내일은 네 차례'라는 경구를 되뇐다.

'서문' 버스정류장에서 내렸다. 군만두로 소문난 식당을 찾았다. 추억이 많은 곳이다. 식당에 들어서니 이른 시간인데도 손님으로 가득했다. 딱 한 자리가 비어 있었다. 6인석이었다. 혼자 앉으려니 미안했다. 내 점심과 카페 사장님 몫으로 군만두를 2인분 주문했다. '이과두주'도 빼놓지 않았다.

사십 대 사내 두 분이 들어와 자리가 없다며 나가려 했다. 내 식탁으로 초대했다. 그들이 고맙게도 기꺼이 동석해 주었다. 그들은 술을 주문하지 않아 두 잔만 마시고 남은 술을 권했다. 뜻하지 않은 합석으로 식탁에 봄볕이 스며들었다.

혼자 들어서는 나를 보고 카페 사장님이 깜짝 놀라며 반겼다. 데이블에 앉아 치열하게 살아가는 한 여인의 삶을 꽤 긴 시간 바라보았다. 젊은 날의 내가 보였다. 열심히 살아가는 모습만큼 아름다운 것도 많지 않다. 홀로 마시는 커피도 나름대로 운치 있었다. 선물을 받아 든 그의 얼굴에 복사꽃이 활짝 피어났다.

눈빛으로 새해를 축복해준 다음 카페를 나섰다. 다시 시내버스에 올랐다. '충경로 객사'를 지나 '충경로KT전주지사'에 이르렀다. 수필 수업 후 점심 먹으러 건너던 횡단보도가 미소지어 주었다. 글 벗들이 환히 웃으며 줄지어 지나가던 모습도 눈에 선하였다. '동부시장'에 이르렀다.

점심 후 집에 가기 위해 시내버스를 타던 곳이다. 버스 안에서 정류장을 바라보니 머리 흰 노인 하나가 버스를 기다리며 서성거리고 있었다.

'전주시청'에 이르렀다. 무심결에 눈길이 '선미촌'에 닿았다. 휘황찬란한 불빛 대신 을씨년스러운 적막이 안개처럼 덮고 있었다. 인적도 끊겼다. 그 많던 슬픈 청춘들은 어디로 갔을까? 수수로운 내 마음은 아랑곳하지 않고 무심한 버스는 다시 출발했다.

하마터면 집안에서 빈둥거리거나 TV에 마음을 빼앗긴 채 무료하게 보낼 하루였다. 평소 미덥지 않은 나였지만 그날의 선택만큼은 멋졌다. 어깨를 토닥거리며 나 자신을 치하했다.

올 일 년 동안 토끼가 뛰어놀던 자리에 푸른 용이 몸을 잔뜩 웅크리고 있다. 금방이라도 하늘로 솟구쳐 오를 기세다. 가슴이 뛴다.

사랑한다는 것은

누이동생이 화장품 회사를 차렸다. 대학교수로 정년 퇴임한 지 오래지 않아서였다. 뜻밖이었다. 연구와 후학 양성으로 평생을 바친 사람이 사업을 한다니 도무지 믿기지 않았다.

사업을 아무나 하는가? 제품을 만들기도 쉽지 않지만 판매하는 일은 더욱 어렵다. 가족의 반대가 만만치 않았다. 얼마만큼의 저축에, 매제도 교수였으니 두 사람의 연금이면 누구 못지않게 편안한 은퇴 후 삶을 누릴 수 있었다. 그런데 왜 사서 고생하려는 걸까? 아무리 생각해도 이해되지 않았다. 하지만 누이의 결심을 바꿀 수는 없었다. 마침내 전쟁보다 더 전쟁 같다는 사업에 꽃 같은 누이가 발을 디뎠다.

오빠로서 늘 걱정이 가시지 않았다. 마침 가까이 지내던 어떤 분이 화장품 가게를 하고 있었다. 한때 번창해서 가게가 세 곳이나 된다는 말을 들은 적이 있었다.

　염치 불고하고 그분을 찾아갔다. 근사한 저녁을 대접하며 도움을 청했다. 지인은 성업은 옛말이고 지금은 현상 유지도 어렵다고 하였다. 오랫동안 일하던 사람이 집안에 들어앉을 수가 없어, 이제는 심심풀이로 가게 하나를 운영하는 실정이라고 한숨을 쉬었다. 요즈음 가게에 와서 화장품을 사는 사람은 극히 드물고 인터넷 구매가 대세란다. 그러면서 누이를 잘 설득하여 사업을 접도록 하라고 조언하였다.

　그러나 여러 여건상 누이가 되돌아갈 수는 없는 형편이었다. 어떻든 작은 힘이라도 보태고 싶었다. 그래서 선물할 일이 생기면 가능한 대로 누이의 화장품으로 하였다. 그러나 그것이 얼마나 도움이 되겠는가? 마음뿐이었다.

　딸들에게도 고모 화장품을 애용해 달라고 부탁하였다. 내 청에 따라 한두 차례 응하는 듯하더니 이내 시들해졌다. 애들은 이미 사용하던 것이 있어 바꾸기가 곤란하다는 뜻을 완곡하게 비쳤다. 심기가 불편한 내가 나무랐다. 가족이 돕지 않으면 누가 돕겠느냐고 말이다. 그때 애들에게 들려준 이야기가 있다.

　오래전 인천교구의 한 성당을 방문한 일이 있었다. 평소 가까이 지내던 신부의 본당이었다. 그곳 미사에서 그의 강론이 내 가슴을 울렸다.

　본당의 한 삼십 대 여인이 갑작스럽게 남편과 사별하였다. 그녀는 전업주부였다. 오로지 아이를 키우고 살림하면서 남편을 내조했다. 그러던 어느 날 아이들과 함께 갑자기 세상에 내던져진 것이다. 그녀가 할 수 있는 일은 아무것도 없었다. 벌판에 홀로 선 듯 막막했다. 그러나 어쩌겠는가? 산 사람은 살아야 한다. 부랴부랴 서둘러 미용학원에서 기술을 배워 미장원을 개업하였다. 성당 부근이었다.

그녀를 측은하게 여긴 신부가 주일미사에 나온 그녀에게 가게가 잘 되냐고 물었다. 그녀는 자신의 기술이 아직 부족하고 개업한 지도 얼마 되지 않아 고전한다고 대답했다. 몇 달 후에 다시 물었다. 그녀의 대답은 전과 같았다. 1년, 2년이 지나도 똑같은 대화가 오갔다.

신부가 일요일 미사에 나온 성당 근처의 한 여신도를 불러 물었다.
"미장원은 어디로 다니세요?" 신도가 대답했다.
"시내 번화가의 어느 미장원에 다닙니다. 그런데 왜요?"
신부가 "성당 근처에 아무개 미장원이 있는데 왜 멀리 다녀요?"
"다니던 단골이 편해서요. 그리고 그 미장원 주인은 배운 지 얼마 되지 않아 기술이 시원찮아요."
"거기 원장이 우리 교우인 줄은 아세요?"
"그럼요. 그 자매를 잘 알지요."
"그 자매가 사별한 것도 아세요?"
"당연히 알지요. 그런데 왜요?"
신부가 역정을 내며 다시 물었다.
"만일 당신 친정 여동생이 미장원을 차렸다면 어디서 미용할 거예요?"
"당연히 동생에게서 하지요."
"기술이 좋지 않아도요?"
"그럼요. 제 동생이지 않아요."

신부가 "조금 전에 미장원 원장을 '자매'라고 하지 않았나요? 같은 자매인데 왜 이렇게 달라요?"

여신도는 얼버무리며 말을 잇지 못했다.

신부의 강론이 이어졌다. "입으로만 형제자매니 사랑이니 말하지 말고 행동과 실천으로 형제애를 보여주십시오. 기술이 부족한 미장원 원장을 사랑하고 돕는 일이 무엇이겠습니까? 내 머리라도 들이밀며 연습할 기회를 주는 것이 아니겠어요? 그래야 기술이 늘 것 아니겠습니까?"

내 아이들에게 이 이야기를 들려주며 고모 사업을 도와달라고 호소하였다. 애들도 인천 성당 여신도와 비슷한 말을 했다. 오랫동안 써왔던 화장품이 있어 바꾸기가 어렵다는 것이다. 나만 애가 탔다.

몇 년간 고전하던 누이가 최근에 사업을 접기로 했단다. 시원섭섭했다, 하지만 그것은 예고된 결말이었다. 애당초 백면서생이 넘볼 일이 아니었다. 다정한 친구에게조차 화장품 구매를 부탁하지 못하는 성품으로 사업이 가당키나 했겠는가?

적잖은 손해를 보았을 것이다. 몸 고생 마음고생은 또 얼마였을까? 인생 공부치고는 비싼 공부였다. 물론 성취감과 기쁨이 전혀 없지는 않았겠지만 말이다.

사랑의 반대말은 미움이 아니라 무관심이라고 들었다. 그러기에 사랑한다는 것은 '상대방의 가려운 곳을 찾아 긁어주고 바라는 바를 채워주는 행위다.'라고 말한다. 배고픈 이에게는 먹을 것을, 목마른 이에게는 마실 물을, 외롭고 슬픈 이에게는 따뜻한 위로를 베푸는 게 사랑이다. 사랑은 입술로서가 아니라 행동으로 드러내는 행위다.

 우리는 늘 깨어 아끼는 사람들의 안색을 살펴야 한다. 그들이 '지금, 여기'에서 무엇을 바라고, 무엇 때문에 가슴 아파하는가 알아차려야 한다. 그리고 그것을 채워주기 위해 앉은 자리에서 기꺼이 일어나자.

밍크코트

　새 밀레니엄을 코앞에 둔 겨울이었다. 한 세기가 가고 온다 해도 벅찬 일인데 천 년을 보내고 새 천 년을 맞다니, 그 감격을 주체하기 어려웠다. 우주의 천 년은 순간이지만, 인간 역사와 문화에서 그것은 거대한 시간이다. 인류의 눈부신 성장과 발전이 지난 천 년에 이루어졌기 때문이다.
　천 년 동안 나고 죽은 사람이 얼마나 될까? 그중에서 천 년이 가고 오는 순간을 지켜보는 사람은 몇이나 될까? 내가 그중 하나가 되는 행운을 얻은 것이다.
　그런데 그게 다가 아니었다. 금상첨화랄까? 쏟아지는 함박눈이 역사적 순간을 축하하고, 연말 분위기를 한껏 고조시키고 있었다. 집사람에게 바깥나들이를 제안했다. 그가 어린아이처럼 폴짝폴짝 뛰었다.

옷을 차려입는 손길에 춤사위 흥이 일었다. 멋을 낸 그가 눈부시게 아름다웠다. 나도 한껏 멋을 부렸다. 내가 세상 최고 부자요 행운아였다.

그런데 내가 나들이를 제안한 데는 또 다른 숨은 뜻이 있었다. 불과 얼마 전 나는 교감으로 임명되었다. 그런데 나의 승진은 나에게도 미스터리였다. 능력과 인품이나 나이로 보아 뜻밖의 인사였기 때문이다. 아무리 생각해도 그것은 집사람 덕분이었다. 그의 기도와 헌신적인 내조 말고는 설명할 길이 없었다.

집사람에게 감사의 마음을 전하고 싶었다. 한 푼 두 푼 모아 얼마간의 목돈을 마련했다. 늘 바깥으로 나돌던 내가 그에게 연말을 맞아 작은 기쁨과 보람을 안겨주고 싶었다. 오죽하면 그때 가족과 직장 동료 사이에서 내 별명이 '집나가니'였겠는가.

조수석에 앉은 그가 어디 가서 뭘 먹고, 어떻게 시간을 보낼 거냐고 물었다. 내가 짧게 대답했다. "일단 따라와 보시라니까요." 입가에 미소를 머금은 그가 동화 속의 공주처럼 예뻤다.

세상이 온통 하얬다. 하늘에서는 굵은 눈송이가 바람에 흔들리며 하염없이 내리고 있었다. 운전은 조심스러웠지만, 풍경은 더할 나위 없이 아름다웠다. 말수가 적은 아내도 쉼 없이 감탄을 자아내며 들뜬 마음을 감추지 못했다.

시내 우체국 앞 가게에 차를 세웠다. 그 무렵 우리 고장에서 가장 붐비는 곳이었다. 그가 어리둥절한 얼굴로 나를 바라보았다. "여긴 왜요?" 내가 그의 어깨를 감싸 안은 채 안으로 들어갔다. 대형 모피 가게로 말이다.

사장님이 우리를 반겼다. 집사람을 가리키며 "이 사람에게 잘 어울릴 코트 하나 골라주세요."라고 부탁했다. "가격은 얼마 정도 생각하세요?" "그건 괘념하지 마시고요." 집사람 눈이 휘둥그레졌다.

그가 "나 안 사요. 사장님, 죄송해요." 하며 밖으로 나가려 했다. 내가 그를 붙잡았다. 모처럼의 호의를 받아달라는 나와, 이 비싼 옷을 어떻게 입을 수 있냐는 집사람이 옥신각신하였다. 사장님이 옆에서 안달이 났다.

그때는 '카드 결제'나 오만 원권이 없던 시절이었다. 만 원권 여러 묶음이 든 두툼한 손가방을 들어 보이며 이 기회에 호강 한번 하라고 당부했다. 그가 고집을 꺾지 않았다. 사장님이 온갖 말로 그를 설득했지만, 소용이 없었다. 이런 일은 처음 본다며 안타까워하는 사장님의 실망스러운 눈길을 뒤로 한 채 가게를 나왔다.

집사람은 분수를 아는 사람이었다. 빠듯한 내 봉급에 맞춰 알뜰살뜰 살림을 꾸려 나온 가정주부였다. 입는 옷이나 치장도 형편에 맞췄다. 비싼 옷이 몇 벌 있었지만, 그것은 잘사는 언니가 입다가 물려준 것들이었다. 그런 그가 고맙고 안타까워 큰맘 먹고 비싼 옷 한 벌 선물하고자 했는데, 그에게는 불편했던 모양이었다.

식당에서 마주한 집사람이 더욱 아름다워 보였다. 그는 내게 감사했다. 감동했단다. 그러나 그 많은 돈을 주고 옷을 사 입을 수는 없다고 했다. 옷값을 선물로 주었다. 그의 고운 입에 보름달이 환하게 걸렸다.

한참 지난 후 퇴근한 내게 집사람이 옷 하나를 꺼내 보였다. 짧은 반 밍크코트였다. 헐값에 샀단다. 계절 지난 상품을 처리하는 세일 매장에서 산 모양이었다. 그래도 그에게는 비싼 옷이었을 것이다. 군청색이 고왔다. 그것은 오랜 세월 겨울의 추위 속에서 그를 따뜻하게 감싸주었다. 그는 그것을 아끼며 즐겨 입었다.

꽤 긴 세월이 흐른 어느 날이었다. 집사람 표정이 어두웠다. 까닭을 물었다. 그는 입을 굳게 다문 채 아무 말이 없었다. 눈치를 살피며 몇 차례 말을 건넸다. 그가 어렵게 입을 열었다. 내용인즉슨 처제가 그 코트를 달라고 해서 안 된다고 했더니 그녀가 토라졌다는 것이다.

전후 사정은 잘 몰랐지만, 조심스럽게 코트를 주면 어떻겠냐고 운을 뗐다. 처제가 경우를 모르는 사람이 아닌데 그럴 만한 사정이 있을 것 같기 때문이었다. 집사람이 고개를 저었다. 그 뒤로도 몇 차례 그 코트를 아우에게 선물하면 좋겠다고 넌지시 제안했다. 그때마다 그는 마다했다.

세월이 꽤 흐르고 집사람이 세상을 떠났다. 어느 날 딸 셋과 그의 유품을 정리했다. 아이들이 각자 취향과 엄마와의 추억을 생각하며 사이좋게 나눠 가졌다. 옷가지도 마찬가지였다. 딸 하나가 그 코트를 갖고 싶다고 말했다. 내가 그것만은 안 된다고 했다. 저간의 사정을 말하며 그것은 막내 이모 몫이라고 일렀다.

그 무렵 처제 시댁 어른 상을 당했다. 문상 갈 때 그 코트를 챙겼다. 예쁜 가방에 곱게 접어 담았다. 조문을 마친 후 처제에게 가방을 전했다. 펼쳐 본 처제의 눈가에 이슬이 맺혔다.

나는 지금도 두 사람 사이에 무슨 일이 있었는지 모른다. 집사람에게 묻지도 않았고, 물어도 대답하지 않았을 것이다. 분명한 것은 그가 단지

코트가 아까워서 그랬으리라고는 생각하지 않는다. 그는 도량이 제법 큰 편이었다. 자매가 곧바로 아무 일 없었던 듯 다정하게 지낸 것은 다행이었다.

제법 오랜 세월을 살아온 나는, 대체로 세상 이치를 얼마간 알고 있다고 자부한다. 하지만 아직도 짐작조차 할 수 없는 게 있긴 하다. 그중 하나가 여자의 마음이다. 그것은 내게 풀 수 없는 수수께끼요, 영원한 신비다.

또 하나 잊히지 않는 일이 있다. 내가 모피로 집사람에게 감사와 사랑을 전하려고 애쓰던 때, 세상 한 편에서는 전혀 다른 일이 벌어지고 있었다. 모피 반대 운동이었다. 특히 눈길을 끌었던 것 중 하나가 나체 시위였다. 그들은 "모피를 입을 바에는 아무것도 걸치지 않겠다"라는 문구가 쓰인 플래카드로 몸을 가린 채 거리를 행진했다.

나는 머리를 한 대 맞은 기분이었다. 아내에 대한 사랑과 감사에 매몰되어 다른 생명에 대한 존엄이나 고통을 생각하지 않고 살아온 나의 가벼움이 부끄러웠다. 선한 뜻은 선한 방법을 통해 이루어질 때 더욱 빛나고 숭고해짐을 그때 깨달았다. 다행히 모피에 대한 사람들의 인식이 많이 개선되었다고 한다. 반가운 일이다. 그래서 세상은 살 만하고 아름답다.

집사람과 코트, 둘 다 더는 내 곁에 없다. 하지만 아주 없어진 건 아니다. 그 자리에 따뜻하고 행복한 추억이 자라고 있기 때문이다. 그가 아끼던 군청색 밍크코트는 모피 착용의 찬반을 떠나 내게 소중하다. 그것은 오랫동안 추위로부터 집사람을 지켜주었다. 그뿐 만이 아니다. 내 마음에 찬 바람이 스칠 때마다 내 가슴을 따뜻하게 감싸준다.

3부
인동초

셋째 손자 김재성의 고등학교 때 작품

남원 5일장

사람 사는 냄새 나는 곳으로 시장 만한 곳이 있을까? 그것도 시골 '5일 장'이라면 더 말할 나위가 없다. 사람 사는 냄새가 그리워 남원행 직행버스에 몸을 실었다.

남원을 시골이라 할 수는 없지만, 남원이 좋아 남원을 택했다. 그곳은 내게 추억이 많은 곳이다. 우리 아이들이 어렸을 때, 여러 해 남원 육모정에서 물놀이를 즐겼다. 텐트 안에서의 하룻밤도 특별한 추억거리였다. 오가는 길에 광한루도 들르고 추어탕의 별미도 즐겼었다.

버스를 타고 남원에 간 것은 처음이었다. 서둘 일이 없었고, 많은 이의 삶의 모습을 가까이서 지켜보기에는 대중교통이 제격이어서였다. 더 중요한 것은, 백 리 길을 멀다 하지 않고 장터를 찾는 내 가슴에 품은, 막걸리 한 잔의 낭만이었다.

남원 5일 장은 4일과 9일이다. 하늘이 호수처럼 맑은 시월의 넷째 주 4일에 '남원공설시장'으로 향했다. 직행버스에서 내려 걸어갈까 마음먹었다. 터미널을 빠져나오자 사람들이 여럿 모여 있는 곳이 보였다. 시내버스 정류장이었다.
　한 노인에게 공설시장을 어느 쪽으로 가며 시간은 얼마쯤 걸리느냐고 물었다. 그는 깜짝 놀라며 너무 멀어서 걸어갈 수 없으니 시내버스를 타라고 일렀다. 걸어가겠다며 길을 알려달라고 재차 부탁하자 "버스비가 천 원밖에 안 해요."라고 말하는 것이었다. '천 원이라고?' 이제는 내가 놀랐다. 전주는 천오백 원이기 때문이었다. 천 원짜리 시내버스라니, 한번 타보고 싶어졌다.
　버스에 오르니 5일 장 탓인지 입추의 여지 없는 만원이었다. 발길을 옮기기조차 힘들었다. 잠시 숨을 돌려 주위를 살펴보니 하나같이 내 또래의 노인들이었다. 아무리 둘러봐도 젊은이는 눈에 띄지 않았다. 만원인 데다 대부분 사람이 보따리를 한두 개씩 지니고 있어 차 안은 몹시 복잡했다.
　공설시장에서 많은 이들이 내렸다. 시장에 들어서면서 거대한 인파에 놀랐다. 사람들이 마치 장마철에 육모정 계곡물 흐르듯 흘러가고 있었다.
　치열한 삶의 현장은 여기저기서 들려오는 외침으로 가득했다. 호객 소리, 흥정하는 소리, 흥이 난 엿장수 노랫가락 등이 어울려 귀가 먹먹할 지경이었다. 상인들의 재빠른 손과 몸놀림이 눈길을 끌었다. 누군가 삶의 의욕을 잃고 실의에 빠져 있다면, 그곳에 단 몇 분만 서서 지켜보라고 권하고 싶었다. 나도 정신이 번쩍 들었다.

오가는 사람들의 얼굴은 역시 세월의 흔적을 곱게 간직하고 있었다. 젊은이들은 이따금 보이고 대부분 나이 든 노인들이었다. 왠지 쓸쓸했다. 불현듯 어렸을 적에 시장에 가시던 할머니를 쫓아가며 종종거리던 내 모습이 떠올랐다. 그러나 곧바로 할머니와 어린 사내아이 대신 머리가 하얗게 센 노인 하나가 낯선 시장에서 서성거리고 있었다.

좌판에 펼쳐진 물건 중에는 나물류와 약재가 눈에 많이 띄었다. 남원이 지리산 자락에 자리하고 있다는 것을 말해주고 있었다. 건강원이 많다는 것도 특이했다. 노인이 많기 때문일까?

시장은 의외로 컸고 현대화되어 말끔했다. 우리나라가 선진국임을 새삼 확인할 수 있었다. 그러나 내가 생각했던 시골 장터의 맛은 덜해 살짝 아쉬웠다. 옛 추억을 생각하며 막걸리 한 잔에 국수나 팥죽을 점심으로 먹고 싶었다. 시장을 몇 바퀴 돌며 샅샅이 살폈는데 어디에도 없었다.

장터의 정취를 맛보기 위해 길거리 음식으로 대신하였다. 나중에 남원 출신 글 벗에게 들은 바로는 국수를 잘하는 맛집이 그곳에 있단다. 사전에 충분히 살피지 못하고 내 눈만 믿은 허물을 탓하였다.

막걸리 한 잔 걸치지 못한 아쉬움을 안은 채, 직행버스 정류장으로 발걸음을 옮기려 하였다. 그때 시내버스 정류장에 짐을 가득 챙긴 노인들이 줄지어 서 있는 것이 보였다. 마음을 바꿔 시내버스를 이용하기로 하였다. 모처럼 적선하고 싶었다. 그들이 버스에 오를 때마다 일일이 짐을 올려주며 노익장을 과시하였다.

돌아오는 길은 갈 때와 달리 직통을 이용하지 않고, 오수와 임실을 경유하는 노선을 택하였다. 시간은 다소 더 걸리겠지만 내가 나선 목적이 사람 사는 냄새를 맡기 위한 것이 아니었던가. 그밖에도 그 이틀 후 문우들과 현장체험학습으로 방문하기로 한 '임실치즈테마파크'를 먼 발치로나마 미리 보고 싶어서였다.

적지 않은 승객 중 대부분은 오수에서 내렸다. 임실로 들어서는 길목에서 테마파크가 보였다. 국화가 아름답게 펼쳐져 있었다. 꽃이 시들었을지도 모른다며 걱정하는 이야기를 들었던 터라 마음이 놓였다.

요즈음 비교적 편안한 노년 생활을 즐기며 지낸다. 그런 나에게 시장 방문은 인생이 녹록지 않다는 것을 다시 일깨워 주었다. 감사할 사람과 일이 줄지어 머릿속을 스쳐 갔다. 내가 누리는 축복을 곱게 포장하여 내 가슴에 선물로 안겨 주었다. 그리고 남은 생을 더욱 힘차게 살리라 다짐했다.

달리는 버스 창밖으로 길가 꽃들은 얼굴을 바꿔가며 내게 활짝 미소 지어주었다. 쪽빛 하늘에 떠있는 구름 몇 조각이 줄곧 길동무해 주어 고마웠다.

아직 안 갔어?

 육십 년 전 기억 하나가 불쑥 얼굴을 내민다. 어디에 납작 엎드려 숨어 있다가 갑자기 나타난 것일까. 싫지 않은 추억에 살포시 미소가 번진다.
 중학교 3학년 때 일이다. 때는 늦봄, 산에 들에 새들의 노래 가득하고 꽃은 다투어 피어나던 호시절이었다. 가만히 있어도 마음이 싱숭생숭했다. 이른바 사춘기 아니던가. 몸 또한, 공연히 근질근질하였다. 토요일이라 너 나 할 것 없이 꽃구경하려 종종걸음치고, 꽃구경 아니더라도 반 공휴일 오후를 즐겁게 보낼 일은 차고도 넘쳤었다.
 호사다마라 하던가. 하필이면 그날 화장실 청소 당번에 걸렸다. 교실 만한 크기의 재래식 화장실은 청소 분량도 만만치 않았지만, 무엇보다 그날의 분위기와 영 어울리지 않는 일이었다. 눈길 주기 민망할 정도로 지저분하고 냄새 또한 지독하였다. 거기에 식사 때가 지나 어찌나 배가 고프던지 허리가 배배 꼬일 지경이었다.

여남은 정도의 친구들 표정 또한 나와 다를 바 없었다. 어깨가 처진 채, 무슨 일도 하고 싶지 않은 듯했다. 그러니 청소가 제대로 될 리가 없었다. 건성건성 대충대충 하는 시늉만 한 채 마무리하고 주번 선생님께 보고하러 갔다. 선생님께서 확인하지 않고 보내줄지도 모른다는 헛된 기대만이 유일한 희망이었다. 그런데 선생님께서 "애썼다. 한번 보자." 하시며 발걸음을 옮기는 게 아닌가! 현장을 보시더니 노발대발하였다. 다시 깨끗하게 청소하고 검사를 받으란다.

모두 멀뚱멀뚱 얼굴만 쳐다보던 그때, 한 친구가 "야, 도망가자. 월요일 몇 대 맞지 뭐." 하자 일제히 "좋아. 가자." 하며 말릴 틈도 없이 우르르 빠져나갔다. 말릴 수도 없었고 말려도 듣지 않을 분위기였다. 친구들은 아무 문제 아니란 듯이 참새처럼 재잘거리며 화창한 토요일 오후의 신작로를 씩씩하게 걸어 집으로 향하였다.

걷는 발걸음보다 마음이 더 무거웠다. 맞는 것은 두렵지 않지만, 꾸중 듣는 것은 싫었다. 집에서나 학교에서나 혼나본 일이 별로 없었던 터라 마음이 찜찜하고 난감하였다. 하나씩 둘씩 제 갈 길을 가고 마지막 친구와도 헤어졌다. 그 순간 걸음을 멈추고 '몇 대 맞고 끝낼 것인가, 어쭙잖은 명예를 지킬 것인가.' 하며 갈등에 휩싸였다. 학교로 달려갔다. 잽싼 손길로 청소를 하였다. 쓸고 닦고 버리고 정리하고 나니 화장실이 말끔해졌다.

해가 살포시 기울고 빛이 힘을 잃어가고 있었다. 교무실 문을 열고 들어가 주번 선생님께 힘찬 목소리로 "청소 다 했습니다. 검사해주십시오." 했더니 "아직 안 갔어? 수고했다. 어서 가봐." 하시는 게 아닌가. 한편 허망했지만, 상황이 감쪽같이 정리되어 마음이 놓였다. 집으로 돌아가는 발걸음이 얼마나 가볍던지 발이 땅에 닿지 않는 기분이었다.

월요일에 친구들이 웅성웅성하였다. 어떤 애는 연신 엉덩이를 두 손으로 쓰다듬으며 "왜 아직도 안 부르는 거야." 하며 불안해하였다. 점심시간이 되자 도망가자며 선동했던 친구가 으스대며 "어때, 내 말 듣기 잘했지?" 하자 모두 손뼉 치며 그를 영웅처럼 떠받들었다.

그리고 일 년 후 거짓말처럼 똑같은 일이 다시 벌어졌다. 이번에는 고등학교 1학년 때였다. 도회지 학교로 진학한 나로서는 친구들과 아직은 낯설던 때였다. 화려한 봄날의 오후에 화장실 청소까지, 학교와 사람만 달라졌을 뿐이었다. 들떠 있던 친구 중 하나가 "도망가자. 설마 죽이기야 하겠냐?" 하자 아이들은 기다렸다는 듯 아예 화장실 근처에도 가지 않고 곧바로 집으로 향하였다. 월요일에 엉덩이를 주번 선생님께 맡기면 되는 일이라는 것이었다.

내가 겪은 갈등도 똑같았다. 하숙집에 거의 이르러 친구들과 모두 헤어진 후 학교로 되돌아가 청소를 마무리하였다. 검사해 달라고 말씀드리자 주번 선생님께서 "아직 안 갔어? 어서 가봐."라며 내 얼굴을 쳐다보지도 않으셨다. 월요일에 영웅 하나가 탄생한 것도 일 년 전과 똑같았다.

누가 꾸중 듣는 것을 좋아하랴만 나는 유별나게 싫어하였다. 몸이 힘든 것은 참을 수 있지만, 꾸중 듣는 것만은 견딜 수 없었다. 어릴 적에 내가 제일 듣기 싫어했던 말이 '너에게 실망했다.'라는 것이었다.

어쩌다가 까까머리 시절의 기억이 튀어나왔는지 모르겠다. 긴 겨울이 끝나가고 봄이 오는 소리가 여기저기서 들리니까 긴 겨울잠에 빠졌던 옛날의 추억 하나가 기지개를 켜며 깨어난 것일까? 푸르렀던 그 시절이 그립다.

은파銀波의 물빛을 거닐다

　마음과 발걸음이 무거웠다. 다른 때 같으면 마음이 방망이질치고 발걸음은 깃털처럼 가벼웠을 텐데 말이다. 복 없는 사람은 잔치 초대를 쌍으로 받는다더니, 오늘 내 처지가 딱 그대로였다.
　봄나들이는 생각만 해도 설렌다. 언제 어디든, 누구랑 함께하든 그저 좋다. 하물며 문우들과의 문학기행이라면 말해 무엇하리. 글 벗들과의 나들이는 다른 모임과는 정취가 다르다. 그저 먹고 마시며 눈 호강하고 수다 떠는 만남도 싫지는 않다. 하지만 글 쓰는 이들과 함께하는 자리는 말하기 어려운 묘한 매력이 있다. 거기에 글감 하나 주워 옷을 입히는 즐거움이 따른다면 오죽하겠는가.
　문학에 입문한 지 오래되지 않은 나는, 글 벗이 많지 않다. 예전에 시를 함께 공부했던 '백마문학' 회원과 지금 함께 길을 걷고 있는 '아람수필' 회원 정도다. 옛날의 용사나 현재의 어깨동무나 애틋하고 소중하긴 마찬가지다. 그래서 일 년에 한두 번 있는 문학기행은 내게 가뭄에 단비 같고 한여름의 소나기처럼 손꼽아 기다려진다.

'사랑을 따르자니 친구가 울고, 친구를 따르자니 사랑이 운다.'라는 신파 대사 같은 상황을 내가 마주하였다. 두 모임의 문학기행이 어찌하다 보니 같은 날로 잡힌 것이다. 실로 난감하였다.

잠시 갈등을 겪었지만, 결국 나는 '옛날의 용사' 쪽을 택했다. 무엇보다 그날의 경비를 내가 부담해야 할 처지였고, 그곳은 참여 인원도 많지 않기 때문이었다. 순천만 국가 정원의 꽃구경만은 못할지라도 군산 은파호수의 물빛다리를 거니는 즐거움도 그에 못지않은 낭만을 안겨주리라는 것만은 틀림없었다.

일 년에 이렇게 좋은 날이 몇 번이나 있을까. 눈부시게 화창한 4월의 어느 목요일이었다. 바람도 알맞게 불어 주었다. 푸른 하늘에 두둥실 떠 있는 구름 몇 조각이 함께 가자며 떠날 채비를 하고 있었다. 일행의 얼굴마다 박꽃 같은 미소가 피어나고 있었다.

차창 밖으로 보이는 들녘은 시간이 멈춘 듯 평화로워 보였다. 겨우내 폭설과 찬바람을 이겨낸 보리가 이삭을 곱게 피워내고 있었다. 고창 청보리밭만큼은 아니어도 푸른 들판이 눈과 마음을 온통 푸른 빛으로 물들여 주었다.

나와 군산과의 인연은 적지 않다. 막내딸의 직장 첫 발령지가 그곳이었고 거기에서 신접살림을 차렸었다. 딸이 전주로 떠나올 때까지 십여 년 동안 수시로 드나들었던 터라, 나름대로 추억이 쌓인 곳이기도

하다. 그 시절에 은파유원지를 스치듯 지나치거나, 공원 입구의 벚꽃 구경을 한두 차례 가볍게 한 일이 있었다.

　제대로 된 은파호수 탐험은 이번이 처음인 셈이었다. 평일 낮이라 붐비지 않았고 길가에 주차할 수 있었다. 호수는 생각보다 넓었다. 호수를 보는 순간 가슴이 탁 트이고 가벼운 탄성이 입가에 흘러내렸다. 명소답게 주변이 잘 정돈되어 있어 보기 좋았다.

　은파호수의 본래 이름은 미제지米堤池였단다. 논농사를 위한 저수지였는데, 1972년에 유원지로 개발되면서 '은파'라는 이름을 얻었다고 한다. 해 질 녘에 반짝이는 물결이 너무 아름다워 얻게 된 이름이었다. '은물결'이라니 이름이 곱기도 하다.

　널따란 '야외 공연장'을 둘러보고 산책에 나섰다. 물가로 난 산책로가 데크로 잘 다듬어져 있었다. 찰랑거리는 물소리를 들으며 물속의 구름과 나무를 벗 삼아 호수를 한 바퀴 걷고 싶었다. 하지만 길이가 만만치 않아 우리 걸음으로는 한나절도 빠듯해 보였다. 다음을 기약하고 '물빛다리'로 향했다.

　'물빛'은 '은파'의 우리말 표현이다. '은'은 사랑과 희망의 빛을 상징하며, '파'는 풍요의 물을 가리킨다. 은파도 곱지만, 물빛은 더욱 아름답다. 시민 공모를 통해 이 멋진 이름을 얻었단다. 순수한 우리말이 얼마나 아름다운가를 새삼 깨달았다. 우리 말과 글을 갈고 닦아야 할 책무를 다시금 가슴에 새겼다.

　호수의 중앙을 가로지르는 이 다리는 길이가 370m에 달하는 도보 현수교이다. 용의 형상을 띠고 있다고 하는데, 하늘에서나 보아야 잘 보일 것 같다. 1년 간의 공사 끝에 2006년 9월에 완공되었다.

각진 아치형의 '사랑의 문'을 지나면, 다리 중간에 사령탑(주탑)이 위풍도 당당하게 서 있다. 그 옆에는 명승지에서 흔히 볼 수 있는 '사랑의 열쇠'가 주렁주렁 걸려있었다. 손가락 걸며 맺은 다짐만으로는 미덥지 않았던 것일까?.

또 하나 눈길을 끄는 것은 '사랑 체험 봉'이었다. 사람의 손바닥이 찍혀 있는 곳에, 부부나 연인 또는 친구끼리 두 손을 포개 얹고 사랑을 고백하거나 체험하는 곳이다. 군산은 사랑꾼들의 도시임이 틀림없어 보였다. 곳곳에 사랑이 피어나고 맺어지며 흘러넘치는 듯했다. 음악 분수와 야경이 아름답다는데 둘 다 볼 수 없어 아쉬웠다.

문득문득 순천으로 떠난 글 벗들의 얼굴이 스쳐 갔다. 정 깊은 분들이 나눌 대화며 점심에 곁들일 막걸리 한 잔도 눈앞에 어른거렸다. 속상했지만 그분들이 남겨줄 글 속에서나마 순천만 꽃의 파노라마를 감상하고, 그분들의 인정을 맛보리라 기대하며 섭섭함을 달랬다. 그러나 글감 하나를 놓친 아쉬움만은 어쩔 수 없었다.

생선탕을 잘하는 맛집을 찾아 나섰다. 은파호수공원을 추천해 주신 교수님은 생선탕이 먹고 싶을 때면, 전주에서 군산까지 일부러 그 집을 찾아가곤 하신단다. 식당의 겉모양이 화려하진 않지만, 내부는 깔끔했다. 여름이 아닌데도 일행 모두가 민어탕을 주문했다. 명불허전이었다. 맛이 일품이었고, 밑반찬은 깔끔하고 푸짐했다.

얼마를 더 나누고 쌓아야 직성이 풀릴까? 누가 먼저라 할 것 없이, 차 한잔하며 못다 한 정을 채우자며 카페로 향했다. 그윽한 커피 향이 우리를 반겼다. 기행 때마다 잊지 않고 간식을 챙겨주는 회장님과 홍일점 글 벗의 인정이 커피 향과 어우러져 우리를 행복의 나라로 데려갔다. 커피 향에 취하고 우정에 취한 채, 또 하루의 봄날이 내 곁을 흘러갔다.

운 좋게 글감 하나 주워 가방에 곱게 담았다. 가방을 둘러메는 손과 어깨에 힘이 느껴졌다. 떠날 때와 달리 콧노래가 절로 나오고, 세상이 온통 내 것인 양 싶었다.

또 한 번의 잊지 못할 드라이브

앤 해서웨이를 찾아갔다. 수필집 《바람떡》을 증정하려는 걸음이었다. 방문하려는 뜻을 비치자 그는, 나이 많은 내가 찾아오는 것이 민망하다며 우리 집 근처로 오겠다고 하였다. 누구보다 그의 바쁜 일과를 아는 나로서는 받아들일 수 없었다. 그의 사무실이 있는 빌딩 카페에서 만나기로 하였다.

그답게 약속된 시간에 딱 맞춰 나타났다. 경영인 특유의 활기가 카페 안에 출렁이었다. 아, 이래서 그가 근무하는 은행이 승승장구하고 있구나라는 생각이 스쳤다. 웃음을 가득 머금은 그의 얼굴은 활짝 핀 모란꽃이었다. 마주하는 순간 내 가슴에도 영롱한 무지개가 걸리었다.

책을 펼쳐 든 그의 입가에는 연신 가벼운 탄성이 흘러나왔다. 한 장 한 장 넘기는 그의 손길은 마치 치성드리는 어머니의 그것처럼 엄숙해

보였다. 그는 책 속으로 한없이 빠져들어 가는 것 같았다. 간간이 그가 질문하고 내가 답하였다. 그의 탄성이 점점 깊어졌다.

그의 시선이 〈내 생애 최고의 드라이브〉에 이르렀다. 이것은 지난해 그와의 짧은 만남을 소재로 한 글이다. 그의 몸에 가벼운 전율이 이는 게 보였다. 그러더니 이내 빠른 속도로 읽어내려갔다. 다 읽고 난 그가 긴 한숨을 내쉬었다. 그리고 내게 깊이 감사했다. 예쁘게 봐준 것일 뿐, 자신은 보잘것없는 사람이라며 겸손해했다. 이런 그의 겸양이 그를 빛나게 하는 것이리라 여겼다.

자리에서 일어나려 하자, 그가 점심을 함께하자고 제안했다. 나는 손사래를 쳤다. 그가 부드럽게 "저도 밥은 먹어야지요. 그래야 일도 열심히 할 수 있고요."라고 말하며, 조금 더 대화를 나누고 싶다고 덧붙였다. 식사 후에는 전처럼 집에까지 바래다주마고 다짐하였다.

더 이상의 사양이 부질없을 것 같아 그의 안내에 따라 주차장으로 이동하였다. 그의 승용차가 지난해의 것이 아니었다. 새 차 냄새가 싱그러운 고급 승용차였다. "그동안 차를 바꾸셨네요?"라고 물으니 "은행에서 더 열심히 일하라며 새 차를 사주셨어요."라고 미소 지으며 대답하였다. 부장급 이상의 간부에게는 3년마다 새 차를 지급해준단다.

은행에서 가까운 백제로 변의 식당으로 향했다. 나는 냉면을 주문했다. 식사 시간을 줄이려는 나의 배려였다. 그는 갈비탕을 권했다. 시간도 충분하고 그것이 몸보신에도 좋겠다면서 말이다.

이야기가 이어지는 동안 음식이 나왔다. 그가 내 갈비탕을 가져다가 가위로 갈비를 잘게 썰어주었다. 제법 굵은 깍두기도 먹기 좋게 잘라

주었다. 밥 먹는 동안 내 젓가락이 스쳐 간 반찬은 곧바로 내 가까이 옮겨졌다. 이처럼 자상하고 바지런한 그의 성품이 오늘의 그를 있게 하지 않았을까 싶었다.

다시 한번 잊지 못할 드라이브가 시작되었다. 도로의 가로수는 5월의 신록으로 눈부셨다. 햇빛은 보석처럼 반짝이고 새와 벌과 나비는 우리와 함께 노래하고 춤추며 즐거워했다. 영화 〈인턴〉에서의 앤 해서웨이처럼 아름답고 유능한 여인이 직접 운전하는 고급 승용차의 조수석에 앉아 창밖을 여유롭게 바라보는 호사를 누리다니 꿈만 같았다.

그동안 나는, 그의 미모와 능력으로 보아 그가 틀림없이 유복한 집안 출신일 것이라고 짐작하였다. 어려서부터 엘리트 코스를 밟았을 것이고, 꽃길만을 걷다가 오늘에 이르렀으리라 믿었다. 그에게 부족하거나 아쉬운 것이 하나라도 있었을까 하고 생각했었다.

그날따라 운이 좋았다. 이십 분 남짓의 드라이브 중에 지난해와는 달리, 그에게 전화가 한 번도 걸려오지 않았다. 그의 이야기가 끊김 없이 이어졌다. 덕분에 많은 것을 들을 수 있었다. 그리고 이번에는 내가 그의 인생 속으로 풍덩 빠져들었다.

그는 남원 어느 시골의 넉넉하지 않은 농부의 딸이었다. 초등학교 6학년 때 어머니가 병으로 세상을 떠나셨다. 오빠 둘에 남동생 둘과 아버지, 남자만 있는 집안에서 그는 어린 가정주부가 되었다. 밥하고 빨래하며 아버지와 형제를 보살폈다. 이따금 인근의 산에 가서 땔감을 모아, 그것을 머리에 이고 집에 돌아오곤 하였다.

하루빨리 돈을 벌어 동생을 가르치고 장가도 보내야 했다. 고향에 있는 여자 상업고등학교를 졸업하고 은행에 취직하였다. 일하며 이전에 못다 한 공부를 위해 야간대학교에 진학하였다. 고달픈 주경야독의 삶이 이어졌다.

그는 과중한 직장 업무와 학업 외에도 출산과 육아라는 꼽추 짐을 지고 굽이굽이 비탈길을 잘도 헤쳐나왔다. 될성부른 나무는 떡잎부터 알아본다는 옛말이 하나도 틀리지 않았다.

어려서 가정주부가 되었던 그가, 성인이 되어서는 일인 몇 역을 감당하는 슈퍼우먼이 된 것이다. 내게는 소설 속 이야기처럼 들렸다. 다행히 그에게는 백마 타고 온 왕자가 있었다. 멋진 왕자는 그가 험한 길을 잘 헤쳐 나올 수 있도록 그의 손을 잡아주었다. 그리고 왕자는 소설 속으로 돌아가지 않고, 현재 우리 고장의 중등학교에서 교감 선생님으로 재직 중이란다.

은행 본부의 '최초의 여성 부장'이라는 신화를 쓴 그의 일상을, 나는 정확하게 알지 못한다. 다만 만만치 않으리라는 것만은 분명하다. 아니, 몹시 치열할 것이다. 그런데 그의 모습 어디에서도 삶의 고난함을 찾아볼 수 없다. 오히려 예쁘고 당당하며 잽싼 그의 겉모습에서, 삶에 대한 환희와 열정 그리고 끝을 모르는 그의 도전 정신을 엿볼 뿐이다.

짧은 시간에 나는 대하소설 한 권을 읽은 기분이었다. 어느 한 대목 그냥 넘길 곳이 없었다. 아니, 매 순간 진한 감동에 휩싸이곤 했다.

우리 집 앞에 나를 내려준 앤 해서웨이의 멋진 승용차는, 전처럼 차츰 작아지더니 모퉁이를 돌아 다시 전설 속으로 사라졌다. 나는 그가 사라진 길목을 바라보며 오랫동안 우두커니 서 있었다. 또 한 번의 잊지 못할 드라이브를 되새기면서.

인동초, 싹을 틔우다

    그녀는 '설산에 핀 인동초 꽃'이었다. 온통 하얀 눈밭에 하얗게 피어난 꽃이 영락없이 그녀였다. 여리면서도 강하고 수줍은 듯 당찬 모습이 그랬고, 처연하리만치 순수한 이미지도 그랬다. 하양에서 시작하여 노랑으로 완성되는 그 꽃은, 그녀의 다채로운 삶과 능력을 말해주는 것이었다.
    내가 처음 그녀를 만났을 때의 모습이 지금도 기억에 또렷하다. 그녀의 눈망울은 깊은 산속 옹달샘처럼 맑고 고요했다. 자세는 반듯하고 얼굴에는 늘 웃음꽃이 피어 있었다. 어찌 보면 웃음이 헤퍼 보이기도 하였다. 그러나 눈빛만은 예사롭지 않았다. 마치 그녀가 품고 있는 꿈과 이상을 반드시 이루고야 말겠다는 의지를 보여주는 듯했다. 첫인상이 남달랐다.

그때 나는, 교사로서 내 생에서 가장 순수하고 열정이 넘치던 시절이었다. 솜털이 뽀송뽀송한 이십 대 후반의 햇병아리, 모든 게 낯설고 어설픈 풋내기였다. 그런데도 그녀는 나를 신뢰하고 따랐다. 반백 년 인연의 시작이었다.

그녀는 우리 고장의 곡창지대인 김제 만경 출신이다. 선대는 천석꾼의 호사를 누렸단다. 아버지가 혼인할 때만 해도 부잣집의 후광이 희미하게나마 남아 있어 황산 부잣집에 장가들었다. 그러나 곧 가세가 기울었고 아버지는 어머니 등 뒤로 숨었다.

곤궁한 집안 살림이 그녀에게 저승사자 같은 얼굴을 내민 것은, 초등학교 6학년 때였다. 아버지가 집안 사정을 내세워 중학교 진학을 허락하지 않은 것이다. 꿈 많고 욕심 많던 그녀는 눈앞이 캄캄하였다. 친구들이 입학시험을 위한 보충수업에 열중할 때, 그녀는 빈 하늘을 올려보거나 땅을 향해 고개를 떨구어야만 했다.

그 무렵 그녀에게 주번 차례가 왔다. 주번은 일주일 동안 학급 살림을 도맡아야 하는 자리다. 그중 하나가 가장 먼저 등교하여 교실 문을 열고, 가장 나중에 하교하며 교실 문을 닫는 것이었다. 방과 후 보충수업이 이루어지는 동안 그녀는 운동장을 배회했다. 보충수업이 끝난 후 교실 문을 잠그던 그녀에게 담임선생님이 놀라며 물었다. "너 아직도 집에 안 갔냐?"

다행히 그녀에게는 어머니가 있었다. 어머니의 모정이 그녀를 중학생으로 만들었다. 그녀는 고향의 중학교에 진학하여 발군의 실력을 보였다. 그러나 고등학교 진학만은 절대 안 된다는 아버지의 고집 앞에 그녀는 또 한 번의 시련을 겪어야만 했다.

그녀는 어머니를 졸랐다. 고등학교에 입학만 시켜준다면 반드시 장학생이 되어 스스로 학업을 마치겠다고 말이다. 어머니와의 합동 작전으로 고향을 벗어나 고등학생이 되었다.

친구들은 좋은 대학교에 진학하기 위해 공부할 때, 그녀는 고등학교에 다니기 위해 공부했다. 장학생이 되어야만 학교에 다닐 수 있었기 때문이었다. 그 꿈은 일 년 후에 이루어졌다. 2학년부터 장학생으로 뽑혔다. 3학년으로 진급할 때 그녀는 전체 수석이었다.

그녀는 좋은 대학교에 진학할 실력을 갖췄다. 그러나 합격만으로는 안 됐다. 장학생이어야 하고 생활비를 벌어야만 했다. 그녀에게 허락된 대학은 우리 고장에 있던 야간대학교뿐이었다.

그곳에서 그녀는 학과 수석, 전 학년 차석으로 합격했다. 하지만 낮에는 과외를 하거나 다른 일을 통해 생활비를 벌어야 했다. 그때만 해도 나라 경제가 지금과 달라 일자리가 많지 않았다. 과외도 야간 대학생이라 중·고등학생은 희망자가 없어 초등학생을 대상으로 하였다. 대학의 낭만과 동떨어진 팍팍한 대학 생활이 이어졌다.

또 하나의 시급한 문제가 생겼다. 그녀가 입학한 대학은 사립이었는데, 장학생도 일단 등록금을 내야 했다. 등록 후 장학금을 준다는 것이었다. 나와 직장 동료 한 분이 학자금 대출 보증을 서주어 문제를 해결했다.

그녀가 고등학교를 졸업하고 대학에 입학할 무렵 마음에 걸리는 게 하나 있었다. 그녀에게 어울릴 만한 외투를 입은 것을 본 일이 없었다.

늘 교복 차림이었다. 3년을 입은 교복은 낡았고 겨울에는 추워 보였다.

마침, 내 처제가 그녀와 같은 해 고등학교를 졸업하였다. 처제는 졸업과 함께 새 외투와 신발을 장만하였다. 집사람과 의논하여 처제가 입었던 외투와 신발을 받았다. 집사람은 헌 옷과 헌 신발을 줄 수 없다며 한사코 반대하였다. 그러면서 새것으로 선물하자고 제안하였다. 그러나 그것은 그녀가 원치 않을 뿐만 아니라 부담을 주는 일이라 내가 만류하였다.

그녀를 우리 집으로 초대하였다. 저녁을 대접하고 조심스럽게 선물 내용을 설명하고 전해주었다. 그녀는 전혀 개의치 않고 매우 기뻐하였다. 헌 옷을 입은 그녀가 모델처럼 방안을 두세 바퀴 돌면서 맵시를 보여주었다. 웃음기 많은 그녀의 입에 박꽃이 한가득 피어났다. 그때의 그녀는 신데렐라 공주보다 더 예뻤다.

그로부터 몇 달 후 나는 첫딸을 품에 안았다. 출생 신고를 앞두고 아이 이름을 지어야 했다. 나는 딸에게 그녀의 이름을 그대로 불려주고 싶었다. 내 딸이 그녀처럼 아름답고 의젓하기를 바라면서 말이다. 집사람도 나의 취지에는 공감하였다.

그러나 집사람 마음에 걸리는 게 하나 있었다. 그녀의 이름은 한자로 '아름다울 미美', '재상 재宰'인데, 풀이하자면 '세상에서 제일 아름다운 여자'라는 뜻이다. 이름도 그녀만큼 고왔다. 집사람 걱정은 그 이름이 친구들의 놀림을 받을 수 있다는 점이었다. 'MADE IN U.S.A' 즉 '미제美製'로 말이다. 아쉬웠지만 내 뜻을 접었다. 훗날 들은 바로는, 그녀도 우리가 걱정했던 놀림을 많이 받으며 자랐단다.

짧지 않았던 교직 생활에서 수많은 학생을 만났다. 그들에게 어설픈 지식 몇 조각을 가르치고, 때로는 겁 없이 인생행로를 제시하기도 했다. 그러나 어린 그들에게서 내 인생의 스승을 여럿 만났다. 그중 하나가 그녀였다.

입장을 바꿔 내가 그녀가 되어본다. 나라면 어땠을까? 그녀처럼 할 수 있었을까? 터무니없다. 나라면 혹한의 설산에서 살아남지도 못했을 것이다. 그런데 그녀는 살아남았고, 그곳에서 희망의 싹을 틔웠다. '인동초의 싹'을 말이다.

인동초, 꽃봉오리 맺다

　주경야독, 그녀의 대학 생활이었다. 낮에는 주로 초등학생 과외를 하고, 때로는 고입 검정고시 학원 강사로도 일했다. 그녀의 전공은 '가정'이었다. 하지만 학원 형편에 따라 미술이나 역사 과목을 가르치기도 하였다. 팔방미인인 셈이었다. 어떻게든 한 푼이라도 더 벌어야 했기 때문이었다.
　밤에는 지친 몸을 이끌고 대학에 나가 강의를 들었다. 그녀에게 대학의 낭만은 애당초 남의 이야기였다. 시시포스의 고단한 삶이 4년 내내 이어졌다.
　엎친 데 덮친 격으로 대학 2학년 때 어머니가 돌아가셨다. 어머니와의 이별은 누구에게나 슬프고 힘들다. 그녀에게는 더욱 그랬다. 성인이 되었다고는 하나 아직 배움이 끝나지 않았고, 홀로 된 아버지와 보살펴 줘야 할 어린 동생 넷이 그녀만을 바라보고 있었다.

그녀의 어머니는 그녀에게 단지 어머니뿐이었을까? 삶의 고비마다 좌절과 절망의 구렁텅이에서 그녀를 건져내고, 희망의 불씨를 건네준 이가 어머니였다. 어머니를 잃은 것은 그녀에게 망망대해에서 나침반을 잃은 것이나 다름없었을 것이다.

아버지가 시골 살림을 정리하고 '인동초' 맏딸 곁으로 오셨다. 집과 전답을 정리한 돈은 두세 칸 방이 딸린 집 한 채의 전세 자금 정도였다. 이제 그녀는 아버지와 동생을 건사하는 가정주부이자 가장이었다.

그런데 그녀는 전부터 가정주부 역할을 하고 있었다. 고등학교 시절에 바로 아래 남동생이 고등학생이 되면서 그녀 곁으로 온 것이다. 나 홀로 자취 생활에서 가정주부로 탈바꿈한 것이다. 장학생이 되어야만 학업을 이어갈 수 있었던 그녀는, 공부의 고삐를 늦출 수 없었다. 공부하랴, 살림하랴 그녀의 숨 가쁜 십 대가 그렇게 흘러갔다.

여섯 식구 살림 규모는 전과 비교가 되지 않았다. 도시락만 해도 기본이 다섯 개였다. 야간 자율 학습하는 동생 몫을 더한다면 한두 개 더 추가되었을 것이다. 일정한 수입이 없었던 그녀로서는 근심과 한숨으로 부족한 것을 채웠을 것이 틀림없다.

하늘이 무너져도 솟아날 구멍이 있다고 했던가? 동생 넷도 그녀처럼 착하고 영특했다. 그중에서도 남동생 둘이 우리 고장 명문고에서 최상위권의 성적을 거두어 그들도 장학생으로서 혜택을 받았다. 그녀의 가냘픈 어깨의 짐이 가벼워졌다.

여동생 둘은 너무 어려서 그들에 관한 이야기는 자주 듣지 못했다.

바로 밑 남동생은 서울대학교에 합격하고도 남을 만큼 공부를 잘했다. 그러나 최소한의 뒷바라지 능력마저 그녀에게는 없었다. 집안 형편을 잘 아는 동생은 서울대학교 대신 장학 조건이 좋은 다른 대학으로 진학했다. 거기에서 그는 4년간 등록금과 기숙사비 면제에 매월 적지 않은 장학금을 받았다. 동생의 결정에 본인이나 가족 그리고 그 아이의 모교에서 안타까워한 것은 두말할 나위가 없다. 그러나 누구라도 그녀만 했을까?

그 아래 남동생은 서울대학교에 진학하였다. 그녀와 가족의 기쁨과 기대가 얼마나 컸을지 상상이 되고도 남는다. 그러나 그 아이는 대학에서 새로운 세상을 보게 되었다. 부조리와 모순으로 가득한 우리 사회의 어두운 모습을 말이다. 그 아이는 자신의 미래와 가족의 행복 대신에 나라와 겨레의 앞날을 걱정하며 운동권에 몸을 담았다. 제적과 복학을 거쳐 끝내 민주화와 노동·농민 운동에 일생을 바칠 것을 결심하였다.

두 여동생에 대해서는 대학을 마치고 좋은 일자리를 얻었다는 것과, 멋진 신랑을 만나 아름다운 가정을 꾸리고 착한 아이 낳고 잘 산다는 정도만을 알 뿐이다. 아버지는 칠순을 갓 넘기고 돌아가셨다.

어머니가 세상을 떠나신 후, 그녀는 슈퍼우먼이 되었다. 과외 선생이자 학원 강사요, 학생이자 가정주부였다. 어느 것 하나도 쉬운 것이 없었지만, 어느 것 하나 소홀함 없이 최선을 다했다.

결과가 그것을 웅변으로 말해준다. 동생 넷을 훌륭하게 뒷바라지했을 뿐만 아니라, 그녀 자신은 4년 내내 학과 수석의 영예를 놓치지 않았다. 그리고 하늘의 별 따기만큼이나 어렵고, '고시'라고까지 불리는 전북 중등교사 임용 시험에서 가정과 수석으로 합격하였다.

대학 졸업 후 곧바로 고등학교 교사로 첫 발령을 받았다. 교사로서의 삶이 시작된 것이다. 그녀는 기쁜 소식을 누구보다 먼저 내게 전해주었다. 내 기쁨도 그녀 못지않았다. 마음 같아서는 헹가래를 쳐주고, 시내 한 바퀴 카퍼레이드도 해주고 싶은 심정이었다.

그녀가 발령받은 지 한 달 후, 우리 집을 찾아왔다. 우리 집이 잔칫집이 되었다. 그녀의 개선을 열렬히 환영하였다. 이제는 중등교사로서 나와 같은 길을 걷게 된 그녀가 더할 나위 없이 자랑스러웠다. 그녀와 함께한 5년의 세월이 주마등처럼 흘렀다. 어렵고 힘들었던 일들이 꽃으로 피어나는 순간이었다.

그녀가 선물을 주었다. 첫 월급을 받아 우리 내외 내복을 사 온 것이다. 누가 준 어떤 선물보다 값졌다. 돈 쓸 곳이 대추나무에 연 걸리듯 할 텐데, 나까지 챙겨준 그녀의 인정이 고맙고 기특하기만 하였다.

이튿날 그녀가 선물해 준 내의를 입고 출근하였다. 막 시작한 봄 향기가 내복 가득히 배어 있었다. 발걸음을 뗄 때마다 몸이 하늘로 두둥실 떠오르는 것만 같았다. 수업시간에 아이들에게 그녀의 삶을 간략하게 소개하였다. 아이들 눈망울이 깊은 밤 샛별처럼 반짝이었다.

그로부터 꽤 긴 세월이 흐른 어느 해, 우리 학교 스승의 날 행사를 취재하기 위해 한 방송사가 방문한 일이 있었다. 그런데 진행자가 불쑥 내게 마이크를 내밀며 "가장 기억에 남는 제자 하나만 소개해주신다면요?"라고 물었다. 나는 조금도 머뭇거리지 않고 그녀 이름을 댔다.

그녀를 처음 만난 지 반세기가 흘렀다. 어른도 감당하기 어려운 시련에도 늘 함박꽃 같은 미소를 잃지 않았던 그녀가 새삼 대견하다. 문득, 하얀 설산에 갓 맺힌 인동초 하얀 꽃봉오리 하나가 눈에 띈다. 웃음 헤픈 그녀다.

인동초, 꽃을 활짝 피우다

　사랑은 도서관에서 싹텄다. 인동초 그녀는, 중등교사 임용 시험과 학원 강의 준비 외에도 대학의 중간·기말고사 대비를 위해 도서관에서 살다시피 하였다. 도서관은 그녀의 치열한 삶의 현장이자 놀이터인 셈이었다. 그런데 그녀 말고도 멋진 청년 하나가 그곳을 맴돌고 있었다.
　그는 어린 꿈나무들에게 꿈을 심어주고 싶어 했던 건실한 사내였다. 요즘처럼 발령이 어렵지 않던 그 무렵, 교대생이 도서관을 그처럼 자주 찾는 건 흔치 않은 일이었다. 그런 그였기에 그녀가 예사롭게 보이지 않았던 모양이었다. 운명적으로 그는 그녀를 향한 큐피드의 화살을 맞았다.
　그러나 그녀에게 연애란 애당초 삶의 목록에 없었다. 그녀에게 지워진 삶의 무게가 그것을 허락하지 않았다. 그러나 이미 큐피드의 화살이 박힌 그는 도서관과 그녀 주변을 맴돌며 끈질기게 세레나데를 불렀다.

마침내 그녀가 반응하였다. 다만, '그녀와 같은 신앙을 가진', '대학교수'의 화살만을 뽑겠다고 밝혔다. 청년에게는 쉬 뛰어넘을 수 없는 장벽이었다. 하지만 그는 포기를 모르는 사람이었다.

청년은 인생행로를 수정하였다. 그는 한국정신문화연구원에서 석사과정을 마치고, 모 대학교에서 박사 학위를 취득하였다. 초등학교 교사로서 의무연한을 채운 후, 그는 경남에 있는 대학의 교수로 임용되었다. 진실한 신앙인의 모습을 증명해 보인 것은 말할 나위도 없다. 그리고 둘은 부부가 되었다.

남편의 직장 따라 그녀가 경남 교육청으로 전보되었다. 우리 고장에서는 훌륭한 스승 하나를 잃게 된 셈이었다. 그러나 그게 무슨 문제겠는가. 어느 곳에서든지 그녀의 따뜻한 손길이 우리 청소년을 바르게 기르기만 한다면 말이다.

그녀가 멀리 떠난 후, 우리는 한두 번 얼굴을 본 채로 오랜 세월을 보냈다. 하지만 매년 스승의 날이면 전화기 너머로 그녀의 고운 목소리를 들었다. 그녀가 보내준 예쁜 꽃바구니를 바라보면서 말이다. 그녀의 인정이 담긴 리본이 차곡차곡 쌓여갔다.

그녀가 고향을 떠난 지 이십여 년이 지나 교감으로 승진하였다는 기쁜 소식을 들었다. 몇 년 후에는 교장이 되었다는 소식이 뒤따랐다. 기대했던 그대로였다. 사실은 그녀가 더 큰 일을 해냈다고 해도 전혀 놀라지 않았을 것이다.

곧바로 왕복 천 리 길을 멀다 않고 달려갔다. 남원, 함양, 산청을 거쳐 진주로 향했다. 다시 시외버스로 갈아타고 그녀의 학교에 당도하였다. 가는 동안 제법 긴 시간 온갖 상념이 떠올랐다. 여리디여린 십 대 소녀였던 그녀가 이제 교장 선생님이라니…. 자랑스럽고 뿌듯했다. "하늘은 스스로 돕는 자를 돕는다."라는 옛말이 틀리지 않음을 뼛속 깊이 확인하였다.

그녀가 근무하는 곳은 대안중학교였다. 그녀에게 잘 어울리는 학교였다. 평범을 넘어서는 그녀의 일생이 정규 학교를 마다한 학생들에게 제격이었다. 나 같은 평범한 사람이라면 저 특별한 아이들에게 아무런 울림도 줄 수 없을 터였다.

교장 선생님의 손님이라고 교감, 행정실장이 나와 마중해주었다. 널따란 교장실에서 그녀와 마주 앉으니 감개무량하였다. 마침내 인동초 그녀가 혹한의 추운 겨울을 이겨내고 꽃을 활짝 피운 것이다. 그녀가 안고 있는 막중한 소임을 잘 헤쳐나가길 간절한 마음으로 기원하였다.

축하 선물을 펼쳤다. 내 인생의 진수를 선물하고 싶었다. 짧지 않은 삶을 살아오면서 내가 겪었던 성공과 실패를 고스란히 물려주고 싶었다. 성공에서는 더 큰 성공을, 실패에서는 교훈을 얻기 바라면서 말이다. 그래서 내 인생의 지침이 되고 삶의 본령을 깨우쳐주었던 소중한 보물을 정성껏 골라 챙겨갔다. 더욱이 우리는 자주 만날 수 없는 형편이지 않던가.

책이 한 보따리였다. 로마 철학자 에픽테투스의 강의를 류시화가 엮어 펴낸 《삶의 기술》, 인도의 성자 오쇼 라즈니쉬의 《삶의 길 흰구름의 길》과 《장자 도를 말하다》, 마쓰시타 고노스케의 《위기를 기회로》와 이나모리 가즈오의 《왜 일하는가》 외에도 한두 권을 더했다.

앞의 세 권은 삶의 지혜와 명상 또는 영성을 담은 책들이다. 그중 《삶의 기술》은 견인주의堅忍主義 철학의 대표작으로서 훗날 마르쿠스 아우렐리우스의 《명상록》에 지대한 영향을 끼쳤다. 그동안 내가 사랑하는 이들에게 백 권 남짓 선물한 책이다. 오쇼는 내가 만년에 책을 통해 만난 큰 스승이다.

뒤의 두 권은 기업 경영에 관한 책이다. 저자 모두 경영의 귀재라 알려진 사람들이다. 교장은 교육자이면서 경영자이다. 학교 공동체를 합리적으로 관리 운영하는 데 도움이 되길 바라며 준비하였다.

점심은 그녀의 부군도 함께할 계획이었다. 그러나 대학 부총장직을 맡아 바쁜 탓에 어쩔 수 없이 둘이서만 하였다. 그도 나도 아쉬웠다. 나의 짧은 방문의 아쉬움을 달래자며 그녀가 진주 남강 촉석루로 안내하였다.

진주는 내가 사는 고장과 이름뿐만 아니라 도시의 인상이 아주 비슷한 곳이다. 오랜 역사의 흔적이나 교육 도시로서의 모습도 그렇다. 편안하고 아늑한 품이 마치 내 고장을 보고 걷는 듯했다.

촉석루 오르는 길이 다소 가파른 듯 정겨웠다. 촉석루는 남강 바위 벼랑 위에 세워진 장엄한 모습이 아름다워 영남 제1의 누각으로 꼽힌다. 전쟁 시에는 진주성을 지키는 군 지휘부가 들어서고 평화 시에는 과거 시험장으로 활용되었다.

촉석루 아래 남강 수면 위로 솟아올라 있는 논개 의암義巖 바위로 내려갔다. 진주성을 함락하고 승리의 기쁨에 취한 일본 장수를 껴안고 강물로 뛰어든 논개의 절개가 빛나는 곳이다.

남강의 깊고 붉은 강물은 아름다웠다. 의암 바위의 위용 앞에서 잠시 옷깃을 여미었다. 바로 그때 그 자리에, 인동초꽃 한 송이가 피어올랐다. 꽃과 바위는 서로 결이 다르지만 씩씩한 기상과 기개만큼은 하나였다.

인동초, 고향으로 돌아오다

　산의 정상에 오르면 내려와야 한다. 설혹 몇 달을 준비하고 며칠 동안 고된 산행을 했다 할지라도 정상에 선 다음에는 내려와야 한다. 정상에 머무는 시간은 짧다. 높고 험준한 산이라면 더욱 그렇다. 그것이 인생사의 이치이기도 하다.
　인동초 그녀의 정년 퇴임이 가까워졌을 때의 일이다. 아무리 바쁘고 멀어도 퇴임식에 참석하고 싶었다. 혹한의 설산에서 싹을 틔우고 꽃을 활짝 피운 그녀의 일생에서, 어떤 일보다 엄중한 그 시간에 함께하고 싶었다. 꽃가마를 태우지는 못할망정 꽃다발을 한 아름 안겨주고 싶었다.
　정년 퇴임은 두 개의 얼굴을 가지고 있다. 그것은 먼저, 아쉽고 서운하며 두렵다. 이루지 못한 꿈은 아쉽고, 함께한 동료나 평생 일한 직장과의 이별은 서운하다. 그리고 익숙한 세상을 떠나는 것은 두렵다.

또 다른 얼굴은 기쁨과 보람이다. 짧지 않은 세월 동안 만만치 않은 일을 감당하며 견디고 완주한 것만으로도 기쁘고 보람찬 일이다. 그녀처럼 꽃다운 이십 대부터 사십 년 남짓의 세월을 오롯이 바친 경우라면 더 말할 나위가 없다.

그녀에게 퇴임일을 물었다. 그런데 웬일인가! 정년을 얼마 앞두고 명예퇴직했다는 것이다. 사연을 들어보니 이랬다. 큰딸이 미국에서 박사 학위를 받게 되었단다. 학위 수여식에 참석하려는데 장기 연가 신청이 부담스러웠다는 것이다. 역시 그녀의 깔끔한 성격이 엿보였다. 나로서는 작지 않은 기쁨 하나를 놓친 셈이었다.

얼마의 시간이 흐른 후 그녀로부터 반가운 전화를 받았다. 남편이 정년퇴직하여 고향으로 돌아갈 계획이란다. 반갑고 기뻤다. 그곳 살림을 정리하는 대로 이사하겠다며 그녀 또한 기쁨을 감추지 못했다.

그녀와의 재회를 꿈꾸던 그 무렵, 나는 어느 평생교육원에서 시 창작을 배우고 있었다. 그런데 호사다마라고, 지도교수의 가정사로 말미암아 강의가 폐강되었다. 어쩔 수 없이 다른 곳으로 옮겨야 했다. 다소 심란한 마음으로 낯선 교실에 들어섰다. 그런데 다행히도 새로 등록한 벗이 두세 분 있었다.

자기소개 시간이 다가왔다. 낯이 익은 사내 하나가 눈에 띄었다. 세상에, 그녀의 남편이었다. 그는 이삿짐을 다 풀기도 전에 새로운 세상을 탐험하기 위해 그곳을 찾은 것이다. 그다웠다. 우리는 전혀 생각지도 못한 채 그곳의 동료가 되었다.

덕분에 그녀와의 만남이 빨리 이루어졌다. 실로 오랜만의 상봉이었다. 이산가족 상봉은 저리 가라며 그녀의 금의환향을 뜨겁게 환영하였다. 그녀도 망망대해의 거친 항해를 마무리하고 고향에 닻을 내린 듯 행복해했다.

퇴임한 그녀는 평생 교육에 몸 바친 교육자로서의 연륜과 고매한 품위를 고스란히 지니고 있었다. 이야기가 실타래 풀리듯 이어졌다. 어떤 소설이 그렇게 재미있으리. 특히 타향에서 맞닥뜨린 세파를 잘 헤치며 살아온 그녀의 인생행로를 우리는 함께 축하하고 기뻐하였다.

그녀 남편과의 동문수학은 1년 만에 끝났다. 그는 다른 곳에서 시를, 나는 수필을 배우기 위해 헤어졌다. 그러나 두 내외와 나는 만남을 이어갔다. 식사와 차를 나누며 몇 해째 4계절의 변화를 함께 지켜보며 지낸다. 시도 때도 없이 전화로 안부를 묻는 것은 두말할 나위 없다.

만남이 이어지던 어느 날 문득, 그녀에게 시 한 수 바치고 싶은 열망이 일었다. 글재주기 없는 나였지만 그녀 존재의 광채가 내 글 문을 열었다. 그녀를 다시 만난 지 얼마 되지 않아 그녀에게 시 한 수를 바쳤다.

설산에 핀 인동초꽃

혹한의 설산에 핀/인동초꽃
열다섯에 부모님 품 밀쳐내고/청운의 꿈 안은 채/고사리손으로/밥 짓고 연탄불 피운 꽃
걸치고 먹는 것/티끌처럼 여기고/심지는 동아줄 같았던/외유내강의 꽃

웃음은 바보처럼 헤프지만/눈은 종이를 뚫을 듯 힘찼던/절대 긍정/절대 순수의 꽃

참 스승 그녀는/나의 스승 같은 제자/고3에 처음 만나 사십수 년/하루같이 이어온 사제의 정

꽃 중의 꽃/인동초꽃 앞에/옷깃을 여민다.

분명히 코끼리를 그린다고 그랬는데 생쥐 한 마리가 화폭에 민망한 듯 앉아 있었다. 아무리 글재주가 없고 입문한 지 얼마 되지 않았다고 해도 부끄러움이 밀려왔다. 그녀를 내 글로 그려낸다는 것이 처음부터 무리였다.

무식하면 용감하다고 시를 액자에 담았다. 막내딸의 도움을 받아 글 주변에 설산이며 인동초꽃을 넣어 액자를 예쁘게 꾸몄다. 어설픈 글 선물을 받은 그녀의 눈가에 이슬이 맺혔다. 특히 "절대 긍정/ 절대 순수의 꽃"이라는 대목이 마음에 든다고 하였다.

그녀는 착했다. 내 글솜씨를 탓하지 않았다. 내 마음만을 읽고 본 것이다. 그건 옳았다. 마음이야 시 한 수가 아니라 장편 소설을 쓰고 싶은 심정이었다. 그러나 어쩌랴. 마음뿐인 것을….

마음의 짐을 덜기 위해서가 아니라 독자를 위해 수필을 써보기로 하였다. 더 많은 이들이 그녀의 삶을 통해 위안과 용기를 얻길 바라는 마음이었다. 그녀의 고등학교와 대학 시절, 교육자의 삶 그리고 고향으로의 귀환까지 네 편의 글을 쓰기로 하였다. 이것이 네 번째 글이다.

마치면서 다시 보니 이 또한 헛된 작업이다. 앞서 코끼리를 생쥐로 묘사한 것처럼, 이번에는 백두산을 내 고향 뒷동산으로 그리는 꼴이

되고 말았다. 그녀에게 미안할 따름이다. 설산의 인동초꽃이 괜찮다며 고운 미소로 내 마음을 달래준다. 역시 그녀는 아름답다.

이끼 낀 돌담 앞에서

봄이어서 좋은 날이었다. 아니, 계절이 무슨 상관이겠는가. 아람수필문학회원들이 연례 문학기행을 떠났다. 늘그막에 웬 주책인가 싶지만, 며칠 새 설렜다. 지난해 함께하지 못한 아쉬움 때문이었으리라. 그때 벗들이 '2023순천만국제정원박람회'를 둘러보는 동안, 나는 군산 '은파의 물빛'을 거닐었다.

목적지는 담양이었다. 먹거리, 볼거리가 넘치는 고장이다. 특히 문학인에게는 성지 같은 곳이다. 가사 문학의 중심이요 본산이지 않은가. 문학기행으로는 더할 나위 없이 안성맞춤인 곳이다.

그곳은 내게 추억이 가득하다. 손주들과 '만두계'하며 두 차례 찾은 바 있다. 또한, 집사람이 암 투병할 때 기분 전환차 방문했던 곳이기도 하다. 아이들의 재잘거리는 소리가 지금도 귓전에 맴돌고, 죽녹원에서 가다가 쉬다가 하며 댓바람에 시름을 덜어내던 아내의 힘없던 모습도 눈에 어른거린다.
　나의 들뜬 마음을 하늘이 시샘한 탓일까? 전날 밤에 부슬비가 내렸다. 그날도 오전에 비가 내린다는 예보였다. 쾌청하면 좋겠지만 폭우만 아니라면 괘념할 일이 아니었다. 우중 나들이도 나름대로 여행의 맛이 있는 법이다.
　서둘러 평생교육원에 도착했다. 부지런한 회장님이 같은 시각에 모습을 보였다. 그런데 우리보다 먼저 와 계신 분이 있었다. 차림이 복사꽃처럼 화사했다. 차림만이 아니었다. 얼굴도 복사꽃처럼 고왔다. 그가 우리 곁으로 다가왔다. 이번에 입문한 분이다. 그가 말했다. "비가 와도 운치가 있지만, 아마 오늘은 날이 좋을 거예요. 제가 가면 비가 오다가도 곧 개데요." 내가 화답했다. "우리 반에 복덩이가 오셨군요." 그러니까 요즘 신세대 말로 하면 '날씨 요정'인 셈이다.
　관광버스에 오르면 즐겁다. 일상에서의 일탈이 시작되기 때문이다. 낯선 세상과 마주하고 별미도 맛본다. 나그네로서의 우리네 인생 본령을 일별하는 귀한 시간을 가질 수도 있다. 거기에 문학의 정수를 설핏 볼 수 있다면, 그 또한 즐겁지 않겠는가.
　마음이 들뜬 건 나만이 아니었다. 희끗희끗 센 머리를 인 삼십여 명의 벗들이 소풍 길 나서는 애들인 양, 즐거운 표정으로 수다에 열중이었다. 임원들의 수고가 곧 손끝에 전해졌다. 일정을 담은 유인물과 간식이 손에 쥐어졌다. 유인물에는 방문할 곳에 대한 자세한 해설이 실려 있고, 간식에는 준비한 분의 정성이 알뜰하게 담겨 있었다.

맨 먼저 가사문학관으로 향했다. 한 시간 반 거리였다. 버스가 출발하자 '날씨 요정' 말대로 비가 그쳤다. 비 온 직후라 산과 들이 금방 세수한 것처럼 단정해 보였다. 물이 채워진 논들이 군데군데 눈에 띄었다. 벌써 모내기 준비가 시작된 것이다. 물빛에 농부의 고단한 삶이 고스란히 비치고 있었다.

줄지어 선 메타세쿼이아가 담양에 도착했음을 알려주었다. 간간이 대숲도 눈에 띄었다. 마음이 정갈해졌다.

가사문학관이 두 팔 벌려 우리를 환영했다. 상냥한 여자 해설사가 우리를 맞아주었다. 그는 흔한 해설사가 아니었다. 주어진 자료를 암송하고 반복함으로써 체득한 약장수 수준이 아니었다.

그는 가사뿐만 아니라 시, 시조에도 밝았다. 고전과 현대를 막힘없이 넘나들었다. 타고난 재담에 열정은 뜨거웠다. 해설 사이사이 노래를 곁들였는데 목청 또한, 수준 이상이었다. 특히 운율에 맞춰 가사를 빠른 속도로 암송할 때에는 K-Pop 가수의 랩을 듣는 듯했다. 그러나 뭐니 뭐니해도 〈훈민정음 서문〉을 '전라도 버전'으로 읊조린 게 하이라이트였다. 배꼽 빠질 뻔했다.

그는 투철한 직업의식에 소명과 사명감이 몸에 배었다. 그 많은 사람이 숨죽여 그의 해설에 귀를 기울였다. 간간이 탄식이 세어 나왔다. 나 역시 마찬가지였다. 그는 미지근한 나에게 문학에의 뜨거운 열망을 심어주었다. 그날 우리 기행의 백미는 그의 해설이었다고 해도 과언이 아니다. 한 시간 남짓 그의 해설은, 그 자체만으로도 하루 나들이의 보람으로 충분한 느낌이었다. 나머지는 그날의 덤이었다.

충만해진 가슴을 안고 다음에 찾은 곳은, 가사문학관 인근의 식영정이었다. 이곳은 김성원이 그의 장인인 임억령을 위해 지은 정자다. 정철이 이곳의 아름다운 경치에 마음을 빼앗겨 〈성산별곡〉 등 많은 시가를 지었다. 그래서 송강 문학의 산실이라 불린다. 보자마자 '억!' 소리가 나는 멋진 소나무 한 그루가 식영정의 운치를 더해주고 있었다. 일행 몇이 소나무에서 푸른 정기를 받고자 애쓰던 모습이 눈에 선하다.

수려재라는 식당에서 점심을 먹었다. 이름도 곱지만, 맛도 일품이었다. 손주들과도 들렀던 곳이다. 담양의 대표 음식인 떡갈비를 먹었다. 정성 가득한 밑반찬이 두세 번 바뀌며 상을 채웠다. 벗들과의 정담과 한 잔 술에 한나절의 피로가 봄볕에 눈 녹듯 사라졌다. 여행에서 먹고 마시며 나누는 정담은 무엇과 비교하기 어려운 즐거움이다.

우정과 떡갈비로 기운을 차린 우리는 걸음도 가볍게 소쇄원을 향했다. 소쇄는 '맑고 깨끗하다.'라는 뜻이다. 그곳은 조선 중기 양산보가 지은 '별서 정원'이다. 들어기는 입구에 대나무가 숲을 이루고 있어 정원의 신비감을 더해 주었다.

그는 십 대에 청운의 꿈을 품고 한양에 올라가 조광조의 문하가 되었다. 그러나 꿈을 펴기도 전에 스승이 기묘사화로 참화를 당하자 세상사에 뜻을 잃고 낙향하였다.

그는 풍광 좋은 이곳에 다듬지 않은 자연의 멋을 살린 정원을 짓고 당대의 기라성 같은 인물들과 교유하며 지냈다. 대표적인 인물로 김인후, 정철, 송순, 고경명, 이황, 기대승 등이 있다. 그들 이름만 들어도 소쇄원이 정원으로서뿐만 아니라 역사적으로도 그 가치를 높이 살 만하다는 것을 알 수 있다. 또한, 이곳의 아름다움에 끌려 수많은 시인, 묵객들의 발길이 끊이지 않았다고 한다.

소쇄원은 몇 번을 보아도 아름답다. 이곳의 대표적 건축물인 광풍각과 그 뒤편에 있는 제월당의 단아한 모습에 나는 새삼 옷깃을 여미었다. 건물 앞을 흐르는 맑은 계곡 물소리에 세상 번뇌가 말끔히 씻기는 듯했다. 웬만한 문인이라면 시 한 수, 글 한 편 짓지 않고 그곳을 떠날 수 없겠다는 생각이 들었다.

어찌 그곳의 아름다움을 눈과 가슴에만 담아둘 수 있겠는가. 너나 나나 할 것 없이 다투어 사진 찍기에 바빴다. 그때 자태가 고운 어떤 분이 이끼 낀 돌담 앞에 섰다. 그는 돌담의 아름다움에 마음을 빼앗겼단다. 눈에 익숙한 돌담이 무에 그리 아름다울까 의아했다. 그가 아름답다기에 자세히 들여다보니 거짓이 아니었다. 세월을 이끼로 이고 있는 돌담에는 숱한 이들의 크고 작은 사연이 겹겹이 쌓여 있었다. 그는 돌담에 담긴 이야기에 귀를 기울이고 있던 참이었다. 그와 돌담이 잘 어울렸다. 그가 마다했지만 내가 고집을 세워 그의 사진 한 장 남겼다.

소쇄원을 등진 채 내려오는 발걸음이 무거웠다. 아쉬움에 몇 차례 고개를 돌렸다. 길옆 계곡물에 청둥오리 세 마리가 몸을 담그고 있었다. 고운 옷을 입고 한가롭게 노니는 저것들에서 옛 선비의 풍류를 엿보았다. 발길이 떨어지지 않는 소쇄원에 둥지를 튼 청둥오리가 부럽기조차 하였다.

마지막 행선지는 광주의 심장과도 같은 무등산 자락이었다. 원효사를 향해 길을 떠났다. 처음 찾는 사찰이다. 오르는 길에 녹음을 머금은 그늘이 드리워져 걷기 좋았다. 셋이 어깨를 나란히 걸었다. 하나는 늘 우리에게 노래 부르는 즐거움을 안겨주던 분이고, 또 하나는 '복덩이' 벗이었다. 흥이 오른 내가 음악 전공한 분에게 노래 한 곡 부탁했다. 그가 흔쾌히 노래를 시작했다. 그런데 곧바로 '복덩이'가 따라 부르는 게 아닌가! 노래 솜씨가 예사롭지 않았다. 그도 놀라는 눈치였다. 그가 다른 노래를 시작하자 '복덩이'가 역시 따라 불렀다. 놀라운 건 가사가 하나도 틀리지 않는다는 사실이었다. 그가 세 번째 노래를 부르며 말했다. "아마 이 노래는 모를걸." 그러나 '복덩이'는 그 노래도 정확히 불렀다. 복덩이의 매력에 흠뻑 빠지고 말았다.

원효대사가 이곳에 암자를 개축하고 수행했는데, 고려 충숙왕 때 한 승려가 절을 짓고, 원효암이라 이름 붙였다고 한다. 원효사는 원효봉을 뒤로 하고, 원효계곡을 굽어보며 자리하고 있다. 앞으로는 무등산 정상 사석대를 바라보고 있어 풍광이 빼어나다. 원효사는 이른바 '원효 8경'이 유명한데, 그중에서도 '원효모종元曉暮鍾'이 으뜸이라 한다. 원효사에서 해 질 녘에 타종하는 범종의 은은한 종소리가 무등산을 타고 넘어 광주 시민의 번뇌를 씻어주고 그들을 불법의 세계로 이끌었음을 이르는 말이다.

경내를 둘러본 후에 대웅전과 마주한 쪽에 자리한 원효루에 올랐다. 널찍한 자리 군데군데에 낮은 탁자가 놓여 있었다. 차를 마시는 곳이란다. 아름다운 풍경과 시원한 바람을 벗 삼아 나누는 대화와 산사의 차에, 우리는 그만 신선이 되었다.

그곳에서 나는 새롭게 만난 벗 한 분과 내내 함께했다. 점잖고 수필의 연륜이 짧지 않은 분이다. 집에 돌아와 그가 쓴 글 네 편을 찾아 읽었다. 글만큼 그의 인생이 아름다웠다. 특히 '정의'의 가치를 소중히 여기는 그에게서 인생 한 수 배웠다.

  알차고 행복한 하루였다. 돌아오는 길 차창 밖으로 많은 상념이 흘러갔다. 불현듯 가사문학관 해설사가 들려준 이야기가 떠올랐다. '인생을 차곡차곡 살아라. 무엇 때문에 짧은 인생 아옹다옹 살며, 숨 가쁘게 살아가는가. 차 한 잔 마시며, 술 한 잔 나누면서 벗들과 어울려 차곡차곡 살아라.'

  나로서도 차 한 잔 마시고, 술 한 잔 마시며 '차곡차곡' 사는 인생이 좋아 보인다. 다만, 거기에 이따금 글 한 편 짓는 즐거움을 더하고 싶다면, 지나친 욕심일까?

나비로 날다

향년 97세였다. 며칠 전, 만추가 아름답던 날 막내 외삼촌이 세상을 떠났다. 이로써 어머니 7남매가 모두 세상을 등졌다.

오래전 일이다. 어떤 TV 방송국에, 유명 연예인을 대상으로 그들의 노래나 활동과 함께 삶의 이모저모를 풀어내는 프로그램이 있었다. 한 시간 남짓 진행되었는데, 하이라이트는 그날의 주인공이 초대하는 '특별 초대 손님'과의 대화였다. 거기에서 주인공의 극적인 인생사가 소개되곤 하였다.

국악 풍의 유명 가수가 출연한 날, 외삼촌이 특별 손님으로 초대되었다. 우리 집안에는 예능 프로그램에 출연한 사람이 없어 우리에게는 화젯거리였다. 그는 중등교원이었는데 평생을 강경 인근 여러 학교에서 근무하였다. 가수는 강경 어느 여중 졸업생이었고, 외삼촌의 제자였다.
 요즈음과 달리 그 시절에는 여자 가수 지망생이라면 품행과 상관없이 편견에 시달리곤 하였다. 여중생 시절 그녀가 여러 차례 곤경에 처했다. 그때마다 외삼촌이 그녀를 감싸주고 도움을 주었던 모양이다.
 TV 출연 후 그의 중재로 그녀는 모교와 화해하였다. 그 후 그녀는 모교를 여러 차례 방문하여 많은 도움을 주었다. 모교에서도 반기며 그녀를 기리는 공적비를 학교 안에 세웠다고 들었다.
 외삼촌은 익산 용안에서 나서 자라고, 장가들고 평생을 그곳에서 살았다. 형제들이 결혼하여 모두 떠난 후, 그는 부모님을 모시고 살았다. 그는 살던 집과 논 6천 평을 유산으로 받았다. 당시 농촌에서는 적지 않은 재산이었다. 그러나 다른 형제에 비해서는 사뭇 적었다고 한다.
 그가 주로 근무했던 강경까지의 거리는 5㎞ 남짓이었다. 출퇴근 수단은 자전거였다. 비가 오나 눈이 오나 자전거였다. 버스비를 아끼려는 것이었다. 사십 년 세월을 그렇게 하였다.
 그는 단 한 푼도 허투루 쓰지 않는 꼼꼼쟁이였다. 지독하리만치 아끼고 절약하였다. 그가 아끼지 않는 것은 딱 한 가지, 자식들 교육비였다. 자연히 친척들이나 이웃에게서 인색하다는 평판을 들었다.
 농사는 주로 외숙모 몫이었다. 먹고살며 농사짓는 것은 외삼촌의 월급으로 하였다. 추수하면 그만큼의 논을 사들였다. 마침내 2만 평에 이르렀다. 그 후로는 논을 더 늘리지 않았다. 너무 넓어 도저히 농사를 지을 수 없었기 때문이었다. 이재에 밝은 외삼촌은 논 대신 다른 곳에 투자하여 재산을 늘렸다. 오래지 않아 근동에서 제일가는 부자 소리를 들었다.

외삼촌이 일군 적잖은 부는 그의 근검절약 때문이었지만, 외숙모의 알뜰한 내조 없이는 불가능한 일이었다. 시부모 봉양하랴, 집안의 대소사 챙기랴, 4남매 건사하랴, 그러면서도 외숙모는, 그 큰 농사와 살림을 잘 감당해냈다.

외삼촌에게 외숙모는 복덩이였다. 바지런했고 얼굴에 제대로 된 화장품을 바르지도 않았다. 일가친척과 이웃을 늘 따뜻하게 품었다. 남편의 뜻을 거스르지 않으면서, 있는 듯 없는 듯 남편의 부족한 면을 채워나갔다. 남편이 꼽꼽쟁이라고 비난받을 때, 그의 허물을 얼마간 덮은 건 그녀의 지혜로운 처신이었다. 외삼촌이 눈치 없는 분이 아니었다. 당연히 두 분은 금슬이 남달랐다.

외삼촌은 알고 보면 장점이 많은 분이었다. 단순하고 솔직한 성품에 가식이 없어 대하기가 편했다. 니와 스무 살의 나이 차이에도 꼭 친구처럼 느껴졌다. 정도 깊은 분이었다. 다만 가진 것에 비해 꼽꼽쟁이 노릇을 한 게 흠이라면 흠이었다.

큰 재산을 일군 외삼촌도 모든 것을 다 갖출 수는 없었다. 외숙모가 어느 날 갑자기 쓰러졌다. 심장마비였다. 손쓸 겨를이 없었다. 그녀가 육십을 눈앞에 둔 시기였다.

세상 모든 것을 다 가진 것 같던 외삼촌의 가슴에 큰 구멍이 생겼다. 그의 인생에 반전이 일어났다. 재산보다 소중한 것이 있다는 사실을, 비로소 뼛속 깊이 깨달았다.

외삼촌은 곧바로 외숙모를 기념하는 '홍계식장학회'를 설립하였다. 장학회 활동 내용을 《익산신문》 보도(2011.6.6.)를 통해 알아본다. "올해로 벌써 23년째, 혜택을 받은 초·중·대학생 수는 200명 가까이 되고 액수도 5천만 원이 넘는다." 그뿐만이 아니다. "장학금은 물론 용안면 등 기관·단체 등에도 후원을 아끼지 않았다. 임 회장은 지금까지 후원한 돈이 1억여 원을 넘을 것이라고 말했다."

마음의 벽이 허물어진 그의 선행은 봇물 터지듯 잇달았다. 같은 신문 내용이다. "용안초등학교 총동창회장을 맡으면서 학교 안에 노인학교를 설립하였다. 특히 노인의 여가 선용을 위해 게이트볼장 등 휴식 공간을 만들어주었다. 뒤에는 '익산시게이트볼연합회' 회장직을 맡아 생활체육 보급에도 힘을 기울였다."

그는 노인학교 회원들과 함께 학교 운동장 제초 작업, 운동장 청소와 등하교 시간에 '교통안전지킴이' 활동을 이끌었다. 그는 학교의 크고 작은 행사뿐만 아니라, 용안면의 행사라면 빼놓지 않고 얼마씩 후원하였다. 그는 용안면의 '큰 어른'이 되었다.

그의 변신은 집안에도 이어졌다. 먼저 부조금 봉투에 살이 올랐다. 장조카가 결혼할 때에는 꽤 넓은 부지를 선물로 주어 신혼집을 짓도록 도왔다.

집안과 면민들의 칭송이 뒤따랐다. 그의 선행이 알려지면서 이곳저곳에서 상이 쏟아졌다. 전라북도지사의 '친절봉사대상'(1999.3.15.), 교육부 장관 '감사장'(1999.5.20.), '대통령 표창'(2008.10.2.), 익산시장의 '공로패'(2010.12.23.) 등이 줄을 이었다.

동물이 성체와는 모양이나 기관, 생태가 전혀 다른 유생의 시기를 거치는 경우, 유생에서 성체로 변화하는 것을 '변태變態라 한다. 변태는 하등동물에서만 일어나는 게 아니다. 흔치 않지만, 인간에게서도 일어난다.

외삼촌이 땅속 깊은 곳에서 수십 년을 애벌레로 살다가 어느 날 한 마리 나비가 되어 하늘로 날아올랐다. 외숙모의 갑작스러운 죽음을 지켜보면서 일어난 '변태'의 기적이었다. 그는 평생 자신을 옥죈 재물에 대한 집착에서 벗어났다. 자유를 얻은 것이다.

꼼꼼쟁이 외삼촌의 순애보에 깊은 경의를 표하며, 삼가 외삼촌의 명복을 빈다.

──────────── 4부

글에서 길을 찾다

셋째 손자 김재성의 고등학교 때 작품

맨땅에 헤딩

 교장실을 나서려는 나를 행정실장이 다시 막아섰다. "가지 마세요. 누가 우리에게 십억 원을 기부해 주겠습니까?" 그리고 한결 부드러운 목소리로 힌마디 더 거들있다. "공언히 헛걸음하고 교장 선생님 사기가 떨어질까 봐 걱정되어 드리는 말씀이에요."
 갓 교장이 된 내 앞에 산더미 같은 과제가 쌓여 있었다. 어느 것 하나 만만한 게 없었다. 그중에서 가장 급한 것은, 막 시작한 학교 재건축 문제였다. 천문학적인 예산을 어떻게 제때제때 확보할 것인가? 그것은 결코 쉬운 일이 아니었다.
 그에 버금가는 또 하나의 과제는 대학 진학 성적을 높이는 것이었다. 예나 지금이나 일반계 고등학교의 명운은 대학 입학성적에 달려 있다고 해도 과언이 아니다. 학생이나 학부모가 고등학교를 선택할 때,

가장 먼저 살피고 중요시하는 기준은, 그 학교의 진학 성적이다.

 재건축을 위한 예산 확보는 진학 성적을 올리는 일에 비해 내게는 쉬웠다. 그것은 나의 역량에 달린 문제였기 때문이다. 내 능력과 활동에 따른 일이라면 무엇이든지, 어떻게든 할 각오가 준비되어 있었다. 그러나 성적은 교장의 의욕만으로 안 된다. 그것은 교사들의 역할이 더 중요하다. 그들이 한마음 한 몸으로 헌신하지 않으면 안 되는 일이다. 그런데 다른 사람들의 마음을 움직이는 게 어디 쉬운가?

 진학 성적을 올리려는 여러 정책이 세워졌다. 그중 급선무는 우수 학생을 많이 유치하는 일이었다. 그러려면 기숙사가 필요했다. 그뿐만 아니라 시골에서 올라온 학생들의 편의를 위해서도 꼭 필요한 시설이었다. 그러나 학교 법인에서는 그 많은 돈을 투자할 만한 여건이 되지 않았다. 교육청에서는 사립학교에 기숙사를 지어준 전례가 없다며 지원에 난색을 보였다.

 십억 원 정도가 필요한 사업이었다. 돈을 어떻게 마련할 것인가? 난감했다. 교장인 내가 나설 수밖에 없었다.

 그 무렵 우리 고장에 처음으로 백화점이 들어설 계획이었다. 그 기업의 서울 본사를 찾아갔다. 물론 미리 연락하거나 약속을 잡지는 않았다. 전화나 공문으로 타진하면 부딪치기도 전에 거절당할 것만 같았기 때문이었다. 다행히 상무를 만날 수 있었다.

 그분에게 내 방문 취지를 설명했다.

 우리 학교는 여학교이며 졸업생이 이만 명에 이른다. 그들은 당신들이 세우려는 백화점의 잠재적 고객이 될 것이다. 또한, 우리 학교는 가톨릭에서 설립했는데 우리 지역 신자 수가 이십 만 명에 가깝다. 교회를 통해 당신들의 선행을 널리 알려 백화점이 우리 고장에 연착륙하도록 돕겠다. 그리고 무엇보다 교육에 투자하는 것은 보람 있는 일이 아니냐.

그러나 나의 간절한 호소에도 불구하고 한마디로 거절당했다. 그 기업에서는 교육사업에 한 번도 투자한 일이 없었고, 앞으로도 투자할 계획이 없다고 하였다.

빈손으로 돌아온 나에게 행정실장이 애처로운 눈길을 보냈다. 얼마 후 마음을 가다듬고 다시 나서려는 나를 행정실장이 간곡하게 만류하였다. 한더위에 무슨 부질없는 생고생이냐면서 말이다. 그를 밀치며 한마디 하였다. "맨땅에 헤딩하러 갑니다."

다시 서울로 향했다. 이번에는 우리 고장에서 성업 중인 어떤 대형 마트의 본사였다. 그곳을 찾은 까닭은, 그 얼마 전 언론에 실린 기사 때문이었다. 그 기업에서 서울에 있는 어느 여자 대학교에 이백억 원 상당을 기부했다는 내용이었다. 역시 상무를 만났다. 그분에게 '서울 학교에 투자했으니 시골 학교에도 해달라, 대학교에 했으니 고등학교에도 해달라, 저기는 이백억 원이지만 우리는 십억 원이면 된다.'라며 간곡하게 도움을 청했다. 상무는 '그것은 회장님 부인의 모교였기 때문에 기부한 것일 뿐, 교육사업에 관심이 있어서가 아니었다.'라며 정중히 거절하였다.

낙담하고 지내는데 내 귀가 번쩍 떠지는 소식을 들었다. 서울의 한 건설회사가 많은 학교에 시설 투자를 해주고 있다는 것이었다.

옷소매를 붙잡는 행정실장의 손을 뿌리치고 다시 서울로 올라갔다. 이번에는 중역이 아니라 실무자를 만났다. 내 말을 듣고 난 후 그는, 우리 학교는 투자 대상이 아니라고 말했다. 그들의 투자 대상은 세 가지 요건을 갖춘 학교란다. 첫째 공립학교, 둘째 남학교, 셋째 한 도시 한 학교라는 것이었다.

그런데 우리 학교는 사립이요, 여학교이며, 우리 고장에 이미 혜택을 받은 남학교가 있다면서 학교 이름까지 대는 것이었다. 그러나 거기에서 물러날 수 없었다. 거듭 매달렸다. 그는 내가 안쓰러웠던지 상무실로 안내하며 사정해 보라고 했다. 상무도 실무자와 같은 말을 되풀이했다.

그곳은 이미 전국의 유, 초, 중, 고, 대학교 70여 곳에 각종 시설물을 지어준 고마운 기업이었다. 나의 끈질긴 호소에 상무가 귀찮은 듯 공문을 보내 달라고 하였다.

나의 고심이 깊어졌다. 공문 한 장에 학교의 당면 과제 하나가 판가름 날 판이었다. 글이 길면 읽지 않을 것이요, 짧은 글에 나의 절박함을 다 담을 수가 없었다. 부족한 내 글솜씨가 문제였지만, 다른 사람에게 맡길 수도 없었다. 여러 날 밤늦도록 교장실의 불이 꺼지지 않았.

마침내 어렵사리 글을 마쳤다. 행정실장에게 글을 내밀며 어떠냐고 물었다. 미소를 머금은 채 "좋은데요."라고 답했다. 내가 다시 물었다. "당신이라면 생판 모르는 사람에게서 받은 이 글을 읽고, 십억 원이라는 큰돈을 선뜻 내놓을 마음이 생기겠어요?" 그는 그저 웃음 지을 뿐, 아무 말도 하지 않았다.

국어 선생님을 비롯한 몇몇 분에게 글의 수정을 부탁했다. 아무도 나서지 않았다. 결국, 내가 공문을 작성하여 발송하였다. 그리고 실무자에게 전화했다. "당신이 도와줄 마음이 있으면 될 것이요, 그렇지 않다면 안 될 것입니다. 부디 도와주십시오."

며칠 후 실무자에게서 전화가 걸려왔다. "교장 선생님, 축하드려요." 정성이 지극하면 하늘도 감동한다고 했던가. 때로는 맨땅에 헤딩도 해 볼 일이다. 그리고 깨달음 하나를 얻었다. '나를 위한 것이 아닌, 누구에게나 좋은 꿈은 반드시 이루어진다.'

스무고개를 넘다

 좋은 일에는 왜 마魔가 끼는 것일까? 살다 보면 좋은 일에 꼭 누군가 시샘하듯 걱정스러운 일이 일어나는 것을 이따금 경험한다. 그때도 그랬다. 아니, 무엇인가 작정하고 덤비듯 했다.
 학교 기숙사를 지어주겠다는 어떤 회사의 약속을 받았을 때, 어려울 일은 하나도 없어 보였다. 학교에서 땅만 제공하면 될 일이었으니까 말이다. 마침 학교에 알맞은 곳이 있었다. 운동장 구석에 오랫동안 흉물스럽게 자리하고 있던 방공호 터였다.
 방공호는 1980년 무렵 지어졌다. 그 당시는 남북관계가 몹시 험악해져 전쟁의 위험까지 언급되던 시기였다. 그래서 정부가 학교 운동장 끝자락에 지역주민 대피소를 만들었다. 몇 차례 그곳에서 교직원과 학생들의 대피 훈련이 있었다. 훈련이 뜸해지더니 언제부턴가 시나브로 방

치되었다.

방공호의 폐기 절차를 밟으려 하였다. 그런데 군사시설물이라 생각보다 만만치 않았다. 일단 시청과 협의하였다. 시청 담당자가 국방부에 문의했다. 국방부에서는 듣자마자 노발대발하더란다. 말인즉, 엄중한 시국에 방공호를 새로 만들지는 못할지언정, 있는 것을 왜 없애려 하냐고 되물었다는 것이다.

방공호를 폐기한 사례는 한 번도 없었단다. 다만 그 일을 다루는 기구가 있긴 하였다. 시장이 위원장이고 국정원, 35사단, 교육청 등 예닐곱 기관 관계자들이 참여하는 모임이다. 시장을 만나 간곡하게 도움을 청했다. 그 당시 사회 분위기가 호의적이지는 않았지만, 시장의 지원에 힘입어 마침내 폐기 결정이 났다. 큰 고비 하나를 넘겼다.

이제 방공호 철거 작업에 들어갈 차례였다. 건설업자인 학부모 한 분이 돕겠다고 나섰다. 그런데 방공호가 너무 튼튼하여 철거하려면 화약을 사용할 수밖에 없다고 하였다. 문제는 주변 건물 여러 채가 무너지거나 손상될 위험이 있다는 것이었다. 꼭 방공호를 철거하려면 주변 가옥 몇 채를 매입하라고 그분이 권유하였다. 법인에 매입을 건의하였으나, 곧바로 불가하다는 대답이 왔다. 그런데 방공호 자리 외에는 기숙사를 지을 만한 터가 없었다.

난감한 상황에서 뜻밖의 희소식이 들려왔다. 방공호 바로 옆에 있는 제법 큰 주택 한 채가 경매로 나온 것이다. 이사장님께 달려가 매입을 요청해 허락을 받았다. 두 번째 고비를 넘겼다.

건축 허가 절차에 들어갔다. 또 하나의 험난한 고비가 나를 기다리고 있었다. 허가 기관이 교육청이 아니라 구청이었다. 경매로 매입한 주택의 소유권이 학교 법인이 아닌 교회 법인으로 되었기 때문이었다. 학교에서의 건축 허가는 구청보다 교육청이 빠르고 수월하다. 다시 이 사장님을 뵙고 소유권을 학교 법인으로 돌려달라고 요청했으나 뜻을 이루지 못했다.

구청을 다녀온 행정실장 얼굴이 창백하였다. 건축이 어려울 것 같다고 말하며 쪽지를 내밀었다. 거기에는 구청 직원이 작성한 불가 이유가 정확히 20가지가 적혀 있었다. 하나둘이나 몇 가지도 아니고 스무 개라고? 앞이 캄캄하였다. 기숙사를 거저 지어주겠다는 회사도 있는데, 무슨 장애가 이렇게 많은지 한숨이 절로 나왔다.

내가 구청을 찾아가 담당자를 만났다. 시장이나 구청장을 찾아가지 않고 실무자를 만난 것은 내 경험 때문이었다. 일이 수월하게 진행되려면 실무자의 동의와 협조가 무엇보다 중요하다는 것을 깨달았기 때문이었다.

그는 학교장의 방문에 적잖이 당황해하였다. 그리고 친절하게 안 되는 이유를 설명해주었다. 나는 그에게 그때까지의 과정을 상세히 설명하며 선처를 호소하였다. 그가 몇 가지 항목을 연필로 지워나갔다. 그러나 여전히 여러 이유를 대며 허가는 어렵다고 도리어 내게 하소연하였다.

행정실장에게 담당자의 숙직 날에 찾아가 다시 사정해 보라고 당부하였다. 통닭을 넉넉하게 사가라고 덧붙였다. 행정실장이 숙직실을 다녀온 며칠 후 내가 다시 구청을 찾았다. 그리고 매달렸다. 어렵게, 정말 어렵게 건축 허가를 받았다. 세 번째이자 가장 큰 고비를 가까스로 넘었다.

건축 허가의 기쁜 소식을 회사에 알리며 건축 일정을 조율하려는 내게, 상무는 큰 바윗덩어리 하나를 얹어주었다. 충청남도 홍성에서 하숙업을 하는 시민 하나가 회사와 회장님 집을 오가며 시위하는 바람에 기숙사 사업이 잠정 중단되었다는 것이다.

사건의 전말은 이랬다. 회사에서 홍성 어느 학교에 기숙사를 기증했다. 그 사람 집에서 하숙하던 학생이 줄줄이 기숙사로 옮겼다. 새 하숙생을 구하지 못한 그가, 회사에서 손해 배상하라며 일인 시위를 벌이게 된 것이다. 아침과 저녁에는 회장님의 출퇴근 시간에 맞춰 회장님 집 대문 앞에서, 나머지 시간에는 회사 정문 앞에서 시위를 이어가고 있었다.

많은 돈을 들여 기숙사를 지어주었는데 칭송은커녕, 읽기도 민망한 글을 담은 피켓을 들고 허구한 날 시위하니 회사와 회장님도 자괴감이 들었을 것이다. 홍성으로 달려갔다. 군청에서도 난감해했다. 그들도 사정을 잘 알고 있었고 민망해했다. 특히 지역 이미지 훼손을 걱정하고 있었다. 여러 경로를 통해 설득했지만. 효과가 없었단다. 간곡히 당부한 후 돌아왔다.

얼마 후 회사에서 연락이 왔다. 시위자가 철수했다는 것이다. 사업이 다시 진행된다며 일정 조율을 원했다. 마지막 고비를 넘은 것이다.

돌이켜 보면 스릴러 장편 소설 한 권을 완성한 기분이었다. 맨땅에 헤딩하러 교장실을 나선 때부터 착공까지 산 넘고 물 건너며, 곱이곱이 비탈길을 수도 없이 지나왔다. 마치 스무고개를 넘은 듯했다. '안 된다,' '그만두라,' '21세기 동키호테' 등 비관적 언사가 매번 발목을 잡았었다.

기숙사는 실로 많은 이들의 기도와 염려가 가져다준 선물이었다. 그 가운데 누구보다 가슴 졸이며 함께 험난한 길을 걸어준 행정실장과 직원 여러분께 감사한다. 그들은 언제나 음지에서 학교 공동체를 위해 헌신했던 분들이다.

청포도가 익어가는 7월이다. 무모했던 나의 도전에 손을 잡아주고 응원해준 분들의 얼굴이 스친다. 부디 그들의 소중한 꿈도 알차게 익어가기를 간절히 바란다.

결초보은하다

 그렇게 소망하던 기숙사를 어렵사리 짓게 되었다. 학교 공동체에 환호성이 울려 퍼지고, 학교장인 나는 하늘을 날고 구름 위를 걷는 기분이었다.
 이 일은 바깥으로도 알려졌다. 전북도민일보(2004.4.24.)가 〈10억짜리 편지〉라는 제목으로 그간의 경위를 자세히 보도하였다. 이어 세계일보(4.29)와 한국일보 사회면에도 같은 날 각각 소개되었다. 대한교육신문(5.3)에서는 〈기업 감동시킨 학교장의 편지〉라는 제목으로 대문짝만하게 기사를 실었다.
 이제, 회사와 계약을 체결하고 공사 일정을 조율하는 일만 남았다. 그러면 얼마 후에 꿈에 그리던 기숙사를 갖게 될 일이었다. 그런데 세상에 쉬운 일이 있을까? 생각지도 않게 그 회사 회장님이 구속되었다.

정치자금법 위반이었다. 대통령이 바뀌면서 일어난 일이었다. 이럴 때 호사다마라 하던가?

대부분 기업이 그렇듯이 '일인체제'로 경영되는 회사에서는 '오너'가 구속되면 웬만한 일은 모두 정지되고 만다. 우리 기숙사 일도 마찬가지였다. 계약 체결이 안 된 상황에서 회장님의 석방 전에는 한 발짝도 나갈 수 없는 처지가 되어버렸다. 한시가 급한데 앞이 캄캄하였다.

회장님 구명운동에 나서기로 마음먹었다. 그분의 죄과에 대해서 나는 자세히 알지 못했다. 다만 그분이 교육계에 베푼 선행에 대해서 우리 사회가 얼마간 배려해야지 않나 생각했을 뿐이다.

맨 먼저 대검찰청 홈페이지에 탄원서를 올렸다. 내용을 간추리면 이랬다. '모든 국민은 자신이 저지른 잘못에 대해 책임지고 처벌을 받는 것은 당연하다. 그렇지만 그분이 전국 70여 개 학교에 시설물을 기부하여 교육 발전에 이바지한 점을 참작해 달라. 처벌하되 선처를 바란다.'

이어 본사 상무에게 전화해 서명운동을 전개하고 싶다는 뜻을 전했다. 그분은 반색하였다. 그러잖아도 서울에 있는 몇몇 교장과 그 점에 대해 의논했는데, 민감한 문제에 말려들고 싶지 않다면서 모두가 거절했단다.

그동안 회사에서 기부해 준 학교 명단과 전화번호 그리고 교장 이름을 받았다. 학교마다 일일이 전화하여 서명운동에 참여할 뜻이 있는지 타진하였다. 30여 학교에서 동참 의사를 밝혔다.

내가 서명지를 작성하여 각 학교에 전달했다. 학교마다 학생과 교직원 그리고 학부모 등의 서명을 받아 내게로 보내왔다. 4만 명이 조금 넘는 사람이 서명해 주었다. 서명지를 모으니 사과 상자로 2개가 가득하였다. 교장 다섯이 서울중앙지방법원을 찾아가 전달했다. 옥중의 회장님도 그 소식을 전해 듣고 무척 기뻐했다고 들었다.

다음에는 사건 담당 검사를 찾아 나섰다. 그는 가톨릭 신자였다. 그것도 성인으로 추대된 분의 직계 후손이었다. 누나 하나는 수녀였다. 검사가 다니는 교회를 알아내 본당 신부와 통화했다. 사정을 들은 신부님도 적극적으로 돕겠다고 하였다. 정성을 담아 쓴 내 사신을 신부를 통해 검사에게 전달하였다. 수소문하여 검사의 누나 수녀와도 이야기를 나눴다. 그분도 동생에게 선처를 부탁하마고 약속하였다.

나의 보잘것없는 몸부림이 무슨 효과가 있었겠는가. 절박한 마음에 공연히 수선을 떨었을 뿐이었다. 막막한 시간이 흐르던 그때, 뜻밖에 기쁜 소식이 전해졌다. 회장님이 구속된 지 석 달 만에 석방된 것이다. 그 상세한 과정을 내가 알 리 만무하다. 그저 뛸 듯이 기뻤다.

얼마 지나지 않아 회사로부터 계약을 체결하자는 연락이 왔다. 계약서를 작성하고 계약에 따라 공사가 시작되었다. 우리가 할 일은 아무것도 없었다. 인부들의 식사며 간식까지 회사에서 알아 해결하였다. 하루가 다르게 올라가는 3층 건물의 건축 과정을 지켜보면서 밀려오는 감동을 주체하기 어려웠다.

공사가 순조롭게 진행되던 어느 날, 뜻밖의 전화를 받았다. 회장님의 육성이었다. 그때까지 나는 회장님을 뵙거나 통화한 일이 없었다. 그분은 내게 깊이 감사하며. 인사차 우리 고장에 내려와 점심을 대접하고 싶다고 밝혔다. 점심 날짜와 시간을 정하고 식당에서 만나기로 하였다.

이사장님께 연락을 드렸다. 이사장님도 몹시 기뻐하며 점심을 함께 하고 싶다고 하였다. 그리고 자신이 밥값을 내고 싶다는 뜻도 밝히셨다. 회장님도 이사장님의 동석을 반기며 기뻐하였다.

드디어 회장님을 만났다. 그분은 내 손을 굳게 잡고 한동안 놓아주지 않았다. 그리고 몇 번이고 감사의 인사를 전했다. 민망해 몸 둘 바를 모를 지경이었다. 그분은 큰 키에 체격이 당당하였다. 그러나 목소리는 부드럽고 시종 미소 짓고 있어 마음이 편안하였다. 그러면서도 범접할 수 없는 위엄이 느껴졌다.

이사장님 또한, 회장님께 심심한 감사를 표했다. 그리고 내게도 치하의 말씀을 아끼지 않았다. 셋이서 주고받는 덕담이 봄볕처럼 따뜻했다. 그간의 작은 노고에 비해 분에 넘치는 치하를 받는 탓에 마음이 편치 않았다. 상다리가 부러질 듯한 점심상에 덕담이 더해진 오찬은 내 생애 최고의 순간 중 하나였다. 간간이 그간의 과정이 파노라마처럼 머릿속을 스쳐 지나갔다.

공사가 마무리되고 성대한 준공식이 열렸다. 기숙사는 회장님의 아호를 본떠 '우정학사'라 이름하였다. 백여 명의 청춘이 청운의 꿈을 품고 '우정학사'에 둥지를 틀었다. 밤늦도록 불이 꺼지지 않는 그곳에서 청춘의 꿈과 학교와 나라의 희망이 자라났다.

얼마 전, 회장님의 근황을 보도를 통해 들었다. 오래전에 떠난 당신의 '태자리'를 지켜준 고향 주민들 모두에게 적잖은 돈을 기부했다는 소식이었다. 돈은 얼마를 버느냐보다 어떻게 쓰느냐가 중요함을 새삼 깨달았다.

　세상에 교육보다 더 중요한 일이 몇이나 될까? 그 소중한 일에 막대한 재산을 쏟아부은 회장님의 '교육애'에 경의를 바친다. 회장님께 받은 것은 큰데, 드릴 것은 없어 송구하다. 그저 마음을 다해 회사의 발전과 회장님의 건승을 빌 뿐이다.

글에서 길을 찾다

　어쭙잖은 이야기로 시작한다. 내가 어렸을 적에 문학이나 예술은 소녀의 취미나 교양 정도로 생각했다. 사내가 할 일은 아니라고 여겼다. 사내는 작게는 식솔을 건사하고, 크게는 나라와 세상을 돌보아야 한다고 생각했다.
　나이가 들면서 베토벤과 미켈란젤로와 셰익스피어를 만났다. 문학과 예술이 얼마나 아름답고 위대한지를 조금씩 알게 되었다. 인생의 재발견이었다. 그리고 그것들은 소녀의 일에서 천재의 일로 바뀌었다. 물론 여전히 내 세상 밖의 일이었다.
　남처럼 일상의 일에 묻혀 살았다. 한평생을 그렇게 살았다. 문학과 예술을 몰라도 사는 데에는 아무 문제가 없었다. 하지만 간간이 고전을 읽고 그림이나 음악을 감상하며 인생의 지평을 조금씩 넓혀 나갔다.

 짧지 않은 인생에서 이별과 만남은 뜻하지 않게 찾아온다는 것을 배웠다. 글과의 인연도 그랬다. 그것은 전혀 예상치 않게 찾아왔다. 집사람의 갑작스러운 죽음이 아니었더라면, 문학이니 글쓰기는 평생 나와 무관했을 것이다.

 나는 좋은 부모 만나 어린 시절을 꽃밭에서 뛰놀았다. 그러나 나이 여섯에 어머니를 잃고 매서운 찬바람을 맞았다. 다행히 할머니가 병아리 품듯 품어주어 구김살 없이 자랄 수 있었다.

 나는 뛰어난 아이가 아니었다. 그렇다고 아주 멍청하지도 않아 그렁저렁 대학까지 마쳤다. 그리고 식솔을 건사할 만한 직장을 얻었다. 장가도 가고 자식도 낳았다. 누가 보아도 평범한 삶을 산 사람이었다.

 삼십 대에 할머니를 여의고, 비로소 어머니를 잃었다. 오십 대에는 아버지를 여의고 고아가 되었다. 두 분과의 이별은 내게 큰 상실이었다. 내 인생에 커다란 구멍 두 개가 뚫린 것이다. 그러나 슬픔을 이기며 잘 버텨냈다. 집사람이 곁에서 지켜준 덕분이었다.

 나이 칠십을 앞두고 집사람을 잃었다. 죽을 일은 없다던 의사 말과는 다르게 말이다. "하늘이 무너지고 땅이 꺼진다."라는 말의 뜻을 그때 알았다. 집사람의 죽음은 누구의 죽음과도 달랐다.

 나에게 생명을 나눠주고 길러준 아버지나 할머니보다 더 소중한 분이 있겠는가? 그런데도 두 분의 죽음은 내게 관념의 영역으로 다가왔다. 반면에 집사람의 죽음은 실존의 문제였다. 그녀의 죽음이 내 인생에 깊숙이 들어오고, 내가 죽음 속으로 들어갔다. 내가 겪었던 일 중 가장 큰 사건이었다.

그래도 겉으로는 멀쩡했다. 웃을 때 웃고, 먹을 때 먹고, 수다 떨 때 수다 떨었다. 그런데 그건 내가 아니었다. 누구였는지는 나도 정확히 모르겠다. 살았지만 산 것이 아니었다. 그렇게 3년을 살았다.

어느 날 문득, 남은 생을 이렇게 살 수는 없다는 생각이 들었다. 먼저 몸을 추스르기로 하고 헬스장을 찾았다. 반년이 흐르면서 시나브로 몸이 좋아지고 정신은 맑아졌다. 푸른 하늘과 반짝이는 햇빛이 눈에 비쳤다. 몸과 마음에 생기가 돌고 의욕이 꿈틀거렸다. 세상이 이렇게 아름다웠던가? 늘 보던 세상이었지만 다른 세상이었다.

발길이 어느 평생교육원으로 향했다. 수십 개의 길이 내게 미소지으며 손짓하였다. 두 곳에 눈길이 멎었다. '문예 창작'과 '하모니카'였다. 그렇게 노년의 두 벗이 내게로 다가왔다. 그리고 새 인생이 펼쳐졌다.

그 이전에는 둘 다 내게 아킬레스건이었다. 내가 잘하는 게 있었던 건 아니었지만, 문학과 음악은 특히 아픈 손가락이었다. 그런데 사실은, 그래서 선택한 것이었다. 낯선 세계를 모험하고 도전해 보고 싶었다.

모두 어려웠다. 역설적이지만 그래서 좋았다. 배우는 과정의 적당한 긴장이 메마른 내 삶에 윤기를 더해 주었기 때문이었다. 어려운 과제를 한고비 넘길 때마다 따라오는 작은 희열이 큰 보상이었다.

특히 글짓기가 좋았다. 내 감정과 경험을 소재로 하는 이 작업은, 용광로에서 철광석의 불순물을 제거하고 철을 걸러내는 작업과 비슷하다. 글을 짓는 동안 부끄러운 나와, 내 허물과 마주하였다. 무엇보다 힘든 순간이었다. 그렇지만 용광로에서 광석이 정제되듯 내 삶도 조금씩 정제되었다.

이제, 글쓰기는 내게 취미나 교양 수준의 일이 아니다. 그것을 훌쩍 뛰어넘는 과업으로 자리매김하였다. 그것은 내 삶을 관통하는 자신과의 치열한 대면이다. 그뿐만 아니라 아내와의 뜨거운 재회다. 글 속에서 그녀를 만나고, 사랑하고, 용서받는다. 집사람을 보냈으되, 아주 보낸 것은 아니란 말이다.

자연스레 글을 쓰며 내 마음과 영혼이 정화되고 치유되었다. 좌절에서 희망으로, 슬픔에서 기쁨으로, 비탄에서 환희로 바뀌어 갔다. 조금 더 거창하게 말한다면, 죽음에서 생명으로 건너온 것이다.

글쓰기가 좋은 점이 어디 이뿐일까? 그중 하나가 내 삶을 정리하여 글로 남기는 것이다. 하마터면 잊히거나, 기억 속에서나 만나 볼 수 있는 사실을 영구히 간직할 수 있게 된 것이다. 내가 쓰는 시나 수필은 연대기직 자서진보다 재미있고 읽기도 편하다.

글을 짓다 보면 전에는 없던 습관이 길러진다. 사물이나 경험을 건성으로 보거나 무심히 지나치지 않고 깨어 살피게 된다. 자세히 관찰하고 분석한다. 더 정확하게 말한다면, 매 순간을 산다는 말이다.

사소하지만 사소하지 않은 덤도 있다. 새로운 글 벗을 얻은 것이다. 자식들조차 품을 벗어난 이즈음, 같은 곳을 바라보며 어깨를 기대면서 걸어가는 도반은 결코 작은 축복이 아니다.

오늘은 누구를 만날까, 무엇을 먹을까, 어떻게 보낼까 하고 걱정하는 대신, 나는 기꺼이 컴퓨터 자판기 앞에 앉는다. 그리고 백지를 채워

가며 내 삶의 구원의 길을 향해 발걸음을 내디딘다. 내디디는 걸음마다 송이송이 꽃이 피어난다.

어느 특별한 외출

지리산 달궁으로 떠났다. 조수석에 앉으니 마음이 그렇게 편할 수가 없었다. 운전의 부담이 없고 술자리가 생겨도 마음 편히 한잔할 수 있으니 말이다. 운전하는 이는 현직 중학교 교장이었다. 바깥은 유난한 더위로 펄펄 끓고 있었다. 하지만 내 마음에는 코스모스 몇 송이가 한들한들 춤을 추고 있었다.

그와의 인연은 사반세기 전으로 거슬러 올라간다. 그때 나는 햇병아리 교감이었고, 그는 신규 교사 지원자였다. 한 명을 뽑는데 지원자가 백 명이 훌쩍 넘었다. 서울 소재의 유명 대학교 출신도 여럿 있었다. 그는 우리 고장의 대학교 졸업생이었다.

인사 위원 중 하나였던 나는, 그의 이력서와 자기소개서에 눈길이 끌렸다. 그는 대학 졸업 직후 유명 기업에서 얼마 동안 근무한 경력이 있었다. 신입사원 연수 성적이 이백 명 중 일등이라는 사실에 내 시선이 멎었다. 또한, 영어 능력이 뛰어나 6주 동안 미국과 유럽 연수를 다녀온 것으로 기억된다. 인사위원회에서 별 영향력이 없던 나였지만, 그를 강력히 추천했고 그가 임용되었다. 그 당시 다소 파격적인 결과였다.

그와 일 년 남짓 함께 근무했다. 그는 여러모로 남달랐다. 친절하고 부지런했으며 맡은 일은 두 번 살피지 않아도 되었다. 특히 기억에 남는 추억이 있다. 회의할 때 대부분 교사는 교무 수첩을 가져오지 않거나 가져온다 해도 펼치지 않았다. 그는 항상 수첩을 펴놓고 볼펜을 손에 쥔 채 자리하였다. 그리고 꼼꼼히 기록하였다. 기업체에서 근무한 경험이 있는 사람은 확실히 달랐다.

법인의 다른 학교로 옮긴 내게 그의 근황이 바람결에 전해졌다. 열정적이며 궂은일을 마다하지 않는 그의 미담이 그치지 않았다. 그를 추천했던 나로서 미덥고 고마웠다. 세월이 한참 흐른 언젠가부터는 여러 사람 입에 장차 관리자 후보로 그의 이름이 오르내렸다.

때가 되어 교감이 되고 교장이 되었다. 그 이후에도 한결같은 칭송이 들려왔다. 내 기쁨과 보람도 세월 따라 커졌다. 그것은 본인뿐만 아니라 학교 구성원과 법인의 복이었다.

우리 나들이 며칠 전, 그가 다른 일행들과 달궁으로 나들이하였다. 일행 하나가 펜션을 예약하였는데, 예약한 사람은 펜션 주인 부부와 가까운 사이였다. 예약한 사람이 일행들을 주인 부부에게 소개하였다. 그를 소개하자 펜션 여주인이 깜짝 놀라며, 그에게 내 이름을 대며 아느냐고 물었단다. 이번에는 그가 놀랐다.

사연인즉 이랬다. 여주인은 내 둘째 딸과 가까이 지내는 사이다. 내 졸작 《바람떡》이 출간되었을 때, 딸이 여주인에게 선물했다. 그녀는 내 어설픈 글을 읽은 다음, 그녀의 말을 빌린다면 내 팬이 되었단다. 그녀와 나는 이렇게 글로 인연이 닿았다.

다음 날 펜션에서 일찍 일어난 그는, 펜션 카페에 비치된 《바람떡》을 재빨리 읽어내려갔다. 그는 그날까지 내가 글을 쓴다는 사실과 책을 출판한 사실을 전혀 모르고 있었다. 글이 부끄러워 그에게 말하지 않았기 때문이었다.

나를 두고 두 분이 많은 이야기를 나눴다. 그가 펜션을 떠날 무렵, 여주인이 그에게 나를 데리고 달궁으로 꼭 놀러 오라고 당부했다. 그가 그녀에게 한 약속을 지키기 위해 나선 것이 이번 나들이였다.

그가 남원에서 점심을 먹고 가자고 제안했다. 식당도 미리 마음으로 정해 놓았단다. 남원 하면 추어탕이지 않은가? 우리가 찾은 식당은 깔끔한 환경에 반찬이 맛깔스러웠다. 금방 자리가 채워지고 대기표 받으려는 손님들로 출입구가 소란스러웠다. 시원한 모주 한잔이 점심의 맛을 더해 주었다.

운봉과 인월을 거쳐 달궁으로 향했다. 오랜만에 스치는 시골길이 정겨웠다. 옛 추억이 길 따라 얼굴을 바꿔가며 동무해 주었다. 마침내 이름만 들어도 가슴이 뛰는 뱀사골을 지나 달궁에 도착하였다. 목적지는 달궁의 맨 위쪽에 자리하고 있었다. 건축 허가 한계선이란다.

가슴 떨리는 순간이 찾아왔다. 나를 보고 싶어 하는 분이 어떤 모습일까 궁금해하며 카페에 들어섰다. 맨 먼저 벽면을 가득 채운 책장에 눈길이 머물렀다. 카페가 아니라 도서관에 들어선 기분이었다. 주인의 인품을 고스란히 엿볼 수 있었다. 책을 사랑하는 사람은 남다르다는 것을 나는 안다.

 책장에서 눈을 돌리자 여인 하나가 다소곳이 고개를 숙인 채 차를 만들고 있었다. 인기척에 고개를 든 그녀가 우리를 보더니 놀란 토끼 눈을 하며 달려왔다. 젖은 손을 채 닦지도 못한 채 우리 손을 번갈아 잡으며 반가워 어쩔 줄 몰라 했다.

 우리는 삽시간에 만리장성을 쌓았다. 내 딸과의 인연의 역사며, 딸에 대한 칭찬과, 보잘것없는 《바람떡》에 대한 치하까지 이야기가 줄줄이 사탕처럼 엮어졌다. 특히 내 글에 대한 그녀의 분수에 넘치는 치하에는 쥐구멍을 찾고 싶은 심정이었다. 그러면서도 한편으로는, 내 졸작이 누군가에게 소중히 읽힐 수 있다는 생각에 적잖은 격려를 받았다.

 그녀는 나를, 주로 '작가님'이라고 불렀다. 내겐 낯설었다. 그러나 반복되는 그녀의 호칭에 따라 나의 새로운 정체성이 세워지는 듯했다. 전직 교원이라는 헌 옷이 벗겨지고 수필 작가라는 새 옷이 입혀지는 느낌이었다. 나쁘지 않았다. 오히려 뿌듯했다.

 그녀의 정이 녹아든 아메리카노를 받아들었다. 그녀의 인품인 듯한 그윽한 커피 향이 카페와 내 온몸에 은은히 퍼져나갔다. 지리산 깊은 골짜기에서 마주하는 커피 향은, 여느 카페에서의 그것과 정취가 한참 달랐다.

 준비한 작은 선물을 드렸다. 첫 시집 《그루터기의 꿈》과 손주들과의 십 년 동행기인 《김씨네 조손 만두계록》 그리고 누이동생의 회사에서 만든 화장품이었다. 그녀의 얼굴에 해바라기꽃 같은 미소가 피어났다.

남편을 카페에 불러 앉힌 그녀가 우리를 물가로 안내하였다. 먼저 우렁찬 계곡 물소리가 우리를 반겼다. 한낮의 더위와 크고 작은 세상 근심거리가 한방에 씻겨가는 듯했다. 뱀사골 최상류라 물놀이객이 많지 않아 더욱 좋았다.

그의 사모님이 챙겨주신 과일과 간식거리에, 그녀가 마련한 먹거리까지 펼쳐 놓으니 고을 원님 잔칫상이 부럽지 않았다. 그녀가 "작가님을 위해 가져왔어요."라며 술 한 병을 꺼냈다. 유명 회사의 '30년산 위스키'였다. 이번에는 내가 놀란 토끼 눈이 되었다.

맑고 발이 시린 계곡물에 발을 담근 채, 고급 양주 한잔하며 나누는 정담은 근래 내가 누린 가장 멋진 호사 중 하나였다. 거기에 글과 인생이 술안주가 되니 신선이 따로 없었다. 행복한 시간이 계곡물 따라 빠르게 흘러갔다.

정담이 무르익어 갈 무렵, 그녀의 남편과 남편의 친구가 계곡을 건너 우리 곁으로 왔다. 두 분 다 초면이었다. 남편은 대학교수였는데 얼마 전에 퇴직하였다. 남편의 친구는 자신을 '지리산 가객歌客'이라 소개하였다. 가수보다 가객이 한층 운치 있어 보였.

가객은 광주 사람이고 친구 찾아왔다가 우연히 우리와 마주친 것이다. 이제 다섯이 어울렸다. 가객의 재담은 대단했다. 광주 특유의 사투리가 구수하였다. 사람이 많아지니 물놀이 흥도 고조되었다.

카페로 옮겨 가수의 노래를 들어보자며 자리에서 일어났다. 술상이 큰 테이블에 가득하였다. 가객이 반주 없이 기타를 치며 노래를 시작하였다. 가객은 음반을 석 장이나 낸 베테랑 가수였다. 맨 먼저 자신의 히트곡 〈지리산〉을 불렀다. 가객은 노래로 지리산의 이모저모와 구석구석 속살까지, 마치 우리가 눈으로 직접 보고 손으로 만지는 것처럼 잘도 그려냈다.

계속해서 술이 오가고 대화가 오갔다. 이야기를 나누며 가객은 분위기에 맞춰 노래를 즉흥적으로 부르거나 신청곡을 받았다. 물론 악보 없이 말이다. 가객의 현란한 기타 연주 솜씨에 입을 다물 수가 없었다. 넓지 않은 공간에서 가수의 노래를 라이브로 듣는 감동은 겪어 보지 않은 사람은 절대 알 수 없다.

눈과 입과 귀가 골고루 호사를 누렸다. 어두워지기 전에 일어서려는데 그녀가 깜짝 놀라며 저녁 먹고 가라고 붙잡았다. 사실 너무 많이 먹어 더 먹을 수도 없었다. 한사코 막아서는 그녀를 뿌리치며 나오는데, 그녀가 양손에 보따리를 바리바리 싸 들고 나왔다. 나와 딸에게 주는 선물이란다.

상추 등 쌈 채소를 담은 커다란 비닐백 외에도 된장과 몇 가지 나물을 담은 가방을 차례로 건네주었다. 채소는 깔끔하게 손질되어 있었다. 내 방문 소식을 듣고 미리 준비해 둔 것이 틀림없었다. 바쁜 중에 나를 위해 고운 손길을 내준 그녀의 정성이 고맙기만 하였다. 집에 도착해 딸에게 선물을 전해주자, 딸은 그녀에게서 친정의 정을 느낀다며 행복해했다.

살다 보면 뜻하지 않은 행운을 얻는다. 그날이 그랬다. 먼 길을 마다

하지 않고 운전해주고 소중한 만남을 주선해준 그의 우정을 잊을 수 없다. 연중 가장 바쁜 시기에 펜션과 카페를 비워둔 채 우리를 환대해준 그녀의 따뜻한 정 또한, 어찌 잊을 수 있겠는가. 계곡을 건널 때 미끄럽다며 내 손을 잡아주던 그녀의 따스한 인정이 지금도 손끝으로 전해지는 듯하다.

돈 벌기 싫어요

　오래전에 들은 이야기다. 난산하는 산모의 출산을 돕기 위해 산도産道 앞에서 태아에게 돈을 보여주면 태아가 서둘러 세상 밖으로 나온다는 것이다. 태아의 물욕을 이용하는 산파술이다.
　요즘을 가리켜 돈이라면 못할 짓이 없는 세상이라고 말한다. 부모와 자식 간이나 형제끼리 재산 문제로 다투기도 하고, 심지어는 칼부림이 일어나기도 한다. 재벌가 형제의 상속 문제가 법정 다툼으로 번져 세상 사람들의 이맛살을 찌푸리게 하는 일도 심심찮다. 고위 공직자가 뇌물을 받아 평생 쌓은 명성을 하루아침에 잃는 일도 낯설지 않다. 좀 과장해서 말한다면, 돈을 하느님처럼 떠받드는 세상이 된 듯하다.
　나라가 발전하고 살기 좋아졌음에도 돈에 대한 욕심은 날로 커지는 것 같다. 오히려 경제가 윤택해지면서 돈에 대한 욕망이 커지는 게 아닌가 싶기도 하다. 언젠가부터 "부자 되세요."라는 말이 자연스럽고 달콤한 인사로 자리매김하였다. 맨 처음 그 말을 들었을 때는 왠지 쑥스럽고 민망하였다. 그랬던 나조차도 근래에 스스럼없이 이런 인사를 건네곤 한다.

세상에 돈을 싫어하는 사람이 있을까? 현대판 '요술 방망이'라 일컫는 돈을 말이다. 수도자를 빼고 나는 두 사람을 보았다. 둘 다 세상의 단맛 쓴맛을 웬만큼 맛보았을 중년의 여자다. 그들은 한때 내가 사는 아파트 부근에서 식당을 경영했다.

그들의 식당을 찾아갈 때면 언제나 손님으로 가득하였다. 사장님이나 종업원이 종종걸음치기 일쑤였다. "손님이 많아서 좋으시겠어요."라든가, "돈 많이 벌어서 좋으시겠어요."라고 인사하면 두 분 다 뜻밖에도 "돈 벌기 싫어요."라고 대답해서 나를 놀라게 하였다.

돈 버는 게 싫다고? 믿기지 않았다. 아니, 뒤통수를 한 대 맞은 기분이었다. 그 말은, 모두가 한 방향으로 달릴 때 살짝 대열에서 벗어나 다른 곳에 눈길을 주는 파격의 아름다움 같은 것이었다.

"그럼, 뭐가 좋아요?"라고 물었더니, 나이가 살짝 위인 사장님은 "운동하고 싶어요.", 다른 분은 "아이를 돌봐주고 싶어요."라고 대답하였다.

운동을 좋아한다던 분의 운동에 대한 열정은 대단하였다. 한동안 이른 아침에 헬스장에서 자주 뵈었다. 그리고 점심 장사가 끝나면 자전거를 타고 한두 시간 꽤 먼 곳까지 운동 겸 콧바람을 쐰다고 하였다. 밤에도 잠자리에 들기 전 적지 않게 운동을 한단다.

그분의 운동이 내 눈길을 끈 것은 운동하는 모습 때문이었다. 그는 단지 건강을 위해 운동하는 것처럼 보이지 않았다. 시간을 적당히 보내려는 여가 선용은 더구나 아니었다. 식당에서 볼 수 있었던 열정을 헬스장에서도 그대로 쏟고 있었다. 혼신을 다해 일하고 운동하는 모습은, 차라리 경건해 보이기조차 하였다.

다른 분의 이야기는 이랬다. 아이들이 어린데 맡길 곳이 마땅치 않아 식당에 데리고 온단다. 손님이 밀려오면 애들이 식탁에서 쫓겨나 주방 근처 맨바닥에 앉아 공부하는데, 그 모습이 너무 안쓰럽다는 것이다. 때로 벽에 기대어 잠든 아이를 볼 때면, 그만 억장이 무너진다고 하였다. 그럴 때마다 심한 자괴감에 빠지곤 하였단다.

젊은 사장님은 얼마 전 남편의 성화에 못 이겨 가게 문을 닫았다. 건강이 좋지 않은 탓도 있다고 하였다. 그분이 가게 문을 닫았을 때 나를 포함한 많은 지역주민이 섭섭해했다. 그분의 활달한 성품과 따뜻한 인정만큼이나 푸짐하고 맛깔스러운 음식을 더는 먹을 수 없었기 때문이었다. 그는 정이 깊은 분이었다. 집사람이 세상을 떠난 지 얼마 후, 우연히 길거리에서 그분을 만난 일이 있었다. 나를 보자마자 그의 호수처럼 맑은 눈망울에 눈물이 그렁그렁 맺히던 순간이 지금도 잊히지 않는다.

중앙일보에 실린 기사다.(2023.5.20.) 한강의 기적을 이루었던 대한민국호가 공동체를 지탱하는 주춧돌인 합리적인 가치관과 규범이 파괴되는 '아노미'의 늪 속으로 빠져들고 있다는 내용이다.

최근 각종 매스컴과 통계 자료를 보면 한국인이 가장 사랑하는 가치가 '돈'이란다. 불과 한 세대 전만 해도 겉으로나마 돈보다는 도덕과 양심, 체면 등을 중요시했던 분위기와는 사뭇 다르다는 것이다.

그러면서 17개 선진국을 대상으로 한 미국의 '퓨(pew) 리서치센터'의 조사 결과를 소개하고 있다. 그에 따르면 14개국이 돈보다는 가족을 제일 중요하다고 뽑았단다. 두 번째 가치도 미국과 영국 등은 친구나 사회 같은 공동체를 선택했는데, 한국인은 건강을 뽑았다. 한국인의 공동체에 대한 중요 순위는 8위에 머물렀다. 지금의 우리나라는 경제 논리를 가장 우선시하는 것 같다고 지적하고 있다.

심지어 비혼주의자들 가운데 일부는 '내 돈을 배우자와 공유하기 싫다.'라는 이유로 비혼을 선택한다고 한다. 물론 많지는 않겠지만, 그런 낌새가 있다는 것만으로도 우리 사회가 전과는 확실히 달라진 것만은 사실인 것 같다. 자본주의의 황금만능주의를 비판하면서도 황금만능주의의 늪에서 허우적대는 우리가 아닌가 싶다.

예나 지금이나 경제 논리는 중요하다. 그리고 우리가 살아가는 데 돈은 꼭 필요한 것이다. 그러나 '돈이 어떤 것보다 소중하다.'라는 말에는 동의하기 어렵다. 필요해서 돈을 버는 것이지 돈을 벌기 위해서 사는 것은 아니지 않은가.

우리는 두 발을 땅에 딛고 살아간다. 따라서 현실 문제를 외면한 채 살 수 없다. 그러나 한편으로 우리는 머리를 들어 하늘을 우러르는 존재이기도 하다. 사람을 사람답게 하는 이상을 품고 살아야 한다는 말이다. 따라서 현실과 이상의 조화로운 삶이 바람직하다는 것은 두말할 필요가 없겠다.

연꽃은 진흙 속에 뿌리를 내리지만 진흙에 더럽혀지지 않는다는 불가의 가르침이 새삼 아름답게 들린다. 한동안 진짜 소중한 것을 잊고 살아온 나를 돌아본다. 다시 떠오르는 "돈 벌기 싫어요"라는 한마디가 산 위에서 불어오는 한 줄기 바람처럼 상쾌하다. 옷깃을 여미며 마음을 가다듬는다.

작지만, 작지 않은 축제

책 한 권을 받아들었다. 무거웠다. 거기에는 44명의 인생이 담겨 있었다. 그러니까 44개의 우주가 담긴 셈이다. 덧붙여 부록으로 몇 분의 문학상 수상작과 다른 몇 분의 '나는 왜 글을 쓰는가?'라는 거대 담론이 실려 있었다. 그러니 '무겁다'라는 말조차 사실은 너무 가볍게 표현된 것이다.

《아람수필》제9호가 발간되었다. '아람', 이름도 곱다. 굵고 속이 꽉 찬 알밤, 바야흐로 새싹을 틔우기 위해 땅 위로 몸을 던지려는 비장함이 서린 알밤이 연상된다. 고운 이름을 입은 '아람수필문학회'가 아홉 개의 나이테를 새긴 것이다. 역사가 길지는 않다. 하지만 시간의 길고 짧음이 무슨 의미가 있겠는가. 회원들의 글과 열정이 중요할 뿐이다.

《아람수필》의 앞날이 기대된다. 지도교수를 보면 알 수 있다. 우리의 스승은 실력과 인품, 열정과 지도력까지 고루 갖춘 분이다. 용장 밑에 약졸 없다지 않던가. 하물며 그분은 덕장의 풍모도 갖췄다.

보물단지 안듯 수필집을 품에 안는다. 펼치는 곳마다 보석 같은 글이 나를 반기고 기쁨과 슬픔, 웃음과 눈물, 따뜻한 위로와 따가운 질책이 선물처럼 안겨지리라. 지난해도 그랬다. 올해도 깡마른 내 글에 살이 오르고 윤기가 돌게 되리라 믿어 의심치 않는다.

내가 아람수필문학회원이 된 것은 두 해째다. 사람이라면 갓난아이요, 닭이라면 햇병아리다. 수필에 대해 내가 무엇을 알까마는, 나는 〈글에서 길을 찾다〉에서 글 쓰는 소이를 이렇게 밝힌 바 있다. 그것은 '나 자신과의 치열한 대면이요, 내 마음과 영혼을 정화하고 치유하는 작업'이라고 말이다.

좋은 것은 함께 나눠야 한다. 그래서 우리는 길거리로 나섰다. 이른바 '책 나눔 행사'다. 사람이 많이 모이는 곳을 골라 전주 '중앙시장'의 맞은 편에 있는 '세이브존' 앞으로 향했다.

행인들의 반응은 냉담했다. 대개는 종교 단체에서 나눠주는 서적으로 오해한 듯했다. 더러는 바빠서 책 읽을 시간이 없다며 뿌리쳤다. 하지만 멋진 시민이 없던 것은 아니었다. 기쁜 마음으로 책을 받아 들며 잘 읽겠노라고 감사 인사를 전해주는 따뜻한 눈길도 몇몇 만났다.

요즈음 우리가 책을 많이 읽지 않는다는 걱정이 여기저기서 들린다. 독서량이 OECD 국가 중 최하위에 머문단다. 인터넷의 발달과 무관하지 않은 듯하다. 손쉽게 정보를 얻으려는 세태와도 무관하지 않을 것이다. 이런 환경에서는 사유의 힘이 길러지기 어렵다.

독서와 국력의 관계를 어떻게 정의해야 하는지 잘 모르겠다. 그러나 분명한 것은 책 읽지 않는 국민을 문화 국민이라 할 수 없고, 문화가 뒤진 국가는 선진국이 될 수 없다는 점이다. 여기에 우리의 소명과 사명이 있다. 우리 말과 글을 잘 다듬고, 재밌고 유익한 글을 많이 써서 독서 강국을 통해 문화 강국을 만드는 데 힘을 쏟아야 한다. 무거운 마음을 안고 책 나눔 행사를 마쳤다.

그 일주일 후, 우리 앞에는 뜻깊은 축제가 기다리고 있었다. 출판기념식이었다. 예년과 달리 저명인사의 강의 대신 색소폰과 하모니카 연주 및 시 낭송이 계획되었다. 연주는 전문가를 초청하지 않고 회원끼리 꾸미기로 하였다. 하모니카는 내 몫이었다.

행사장은 전주역 부근의 결혼예식장이었다. 한껏 잘 차려입고 여유롭게 식장에 도착하였다. 대형 화환이 입구를 화려하게 꾸미고 있었다. 식장도 곱게 치장을 마치고 우리를 기다리고 있었다. 이른 시간인데도 색소폰 연주자가 이미 도착해서 연습 겸 행사 분위기를 띄우며 연주하고 있었다. 축제가 실감 났다.

회원들이 속속 도착했다. 하나같이 들뜬 모습으로 함박웃음을 지어 보였다. 늘 마주하는 글 벗도 그곳에서 만나니 정감이 새로웠다. 동지애랄까, 깊은 연대감이 느껴졌다. 그 가운데 지난 학기까지 함께 공부했던 몇 분의 얼굴이 보였다. 그렇게 반가울 수가 없었다. 뜨거운 눈빛을 나누며 재회를 기약했다.

시간이 되자 식전 행사로 연주가 시작되었다. 색소폰 연주자는 〈얼굴〉과 〈메기의 추억〉 등 두 곡을 연주했다. 그리움의 계절, 가을에 딱 어울리는 곡들이다. 〈얼굴〉을 듣는 동안 보고 싶은 얼굴들이 눈앞을 스쳐 지나갔다. 〈메기의 추억〉은 나를 가슴 시린 옛 추억으로 데려갔다. 잠시 가슴앓이를 하였다.

다음은 내 차례였다. 노사연의 〈만남〉을 연주했다. 짧지 않은 세월을 살아오면서 많은 이들을 만나고 이별했다. 이제는 이별은 많고 만남은 드물다. 그런 중에 '수필과의 만남'은, 어떤 그리고 누구와의 만남보다 내게 축복이었다. 수필을 통해 훌륭한 스승과 멋진 글 벗들을 만날 수 있었다. 또한, 마음 밭을 일궈 내 삶을 풍요롭게 가꿨다. 소중한 인연에 대한 고마움을 담아 연주했다. 어설픈 연주에도 함께 노래 부르며 뜨겁게 환호해준 회원들께 고개 숙여 감사한다.

'시 낭송'이 이어졌다. 우리 반 글 벗이 마종기의 〈우화의 강〉을 발표했다. 이 또한 '만남'을 주제로 한 글이다. 오랫동안 시 낭송을 해왔던 그분은 좌중을 휘어잡는 카리스마를 지녔다. 맑고 중후한 목소리로 한 소절 한 소절 낭송할 때마다 우리는 잠시 삶의 번뇌에서 벗어나 고요와 평화를 누렸다. 그 가을밤에 나는 문화의 향기에 흠뻑 취하였다.

축하 공연이 끝나고 기념식이 시작되었다. 회장님 인사에 이어 지도교수의 격려사가 있었다. 스승의 말씀은 언제나 짧고 내용은 알차다. '나는 왜 글을 쓰는가?'에 실린 여섯 명의 글 중에 핵심적인 문장 하나씩을 골라 읽어주셨다. 간결해서 오히려 천근의 무게로 다가왔다.

두 분의 내빈이 축사해주었다. 그중 한 분이 '우리 모임이 멀지 않아 전북 문단의 구심점이 되고 향도 역할을 할 것'이라고 격려해 주었다. 그 말에 나도 몇 번이고 고개를 끄덕였다. 비록 나는 우리 모임의 맨 끝자리에 서 있지만, 엄숙한 그 자리에 내가 몸담고 있다는 사실만으로 가슴이 벅차올랐다.

편집국장의 발간 경과보고가 뒤따랐다. 얼마나 많은 분의 땀과 노고가 배어있는가를 새삼 알게 되었다. 책 한 권 나오는 것은 한 생명이 태어나는 산고에 비해도 손색이 없어 보였다. 이름도 얼굴도 알려지지 않는 곳에서 땀 흘린 분들께 이 자리를 빌려 감사 박수를 보낸다.

불현듯 고마운 얼굴 하나가 떠오른다. 사무국장이다. 이분은 우리 문학회 살림을 도맡아 온갖 궂은일을 마다하지 않는다. 그날도 우리 중 가장 먼저 식장에 도착하였다. 현수막을 걸고 단상의 이모저모를 살폈다. 식당과 식장도 예외가 아니었다. 그분의 손길을 거쳐 비로소 행사 준비가 마무리되었다. 우리 복이다. 그분의 헌신에 마음 깊이 존경과 감사를 드린다.

등단 회원 및 수필집 발간 축하식이 이어졌다. 지난 일 년 동안 등단한 회원은 셋, 수필집을 발긴한 분은 여섯이있다. 그만큼 한국 문단이 풍요로워졌다는 말이다. 그들이 주로 우리 고장에서 활동한다는 것을 감안하면, 전북 문단은 대풍을 맞은 셈이다.

나는 등단도 하고 첫 수필집도 냈으니 겹경사를 맞이했다. 이런 일이 어찌 내 힘만으로 이루어졌겠는가? 스승의 자상한 보살핌과 글 벗들의 따뜻한 격려 덕분이었다. 단상에 올라 세상에서 제일 크고 예쁜 꽃바구니를 받았다. 나이 들어 이런 호사를 누려도 되나 싶어 두려움이 살짝 밀려왔다.

역사의 순간을 남기는 기념 촬영으로 기념식은 마무리되었다. 사진

속 얼굴 중에는 먼 훗날 국어 교과서에 실릴 인물이 나올지도 모를 일이다. 그 사진에 내가 끼어있다니 가슴이 벅찼다.

 음식이 빠지면 그게 무슨 축제랴. 산해진미가 운동장만큼 펼쳐졌다. 음료도 산처럼 쌓였다. 갖다 먹고 마시기만 하면 되었다. 서로 찾아다니며 술잔을 나누고 자축했다. 보잘것없는 나도 축하를 많이 받았다. 먹으면서 정든다는 건 맞는 말이다. 그러잖아도 깊은 정이 한 길은 더 깊어졌다. '더도 덜도 말고 오늘만 같아라.'라는 말이 어찌 한가위에만 적용될까.

 수많은 새가 깃드는 우람한 나무도 작은 씨 하나에서 시작됨을 나는 안다. 위대한 인물도 한때는 힘없는 어린이거나 젊은이였다. 회사나 단체 또는 일도 마찬가지다. '아람수필문학회'가 갓 싹을 틔웠다고 말한다면 우리 자신을 너무 폄훼한 것일까? 지금은 세상의 이목을 충분히 끌지 못하지만, 훗날 우리가 수필의 메카가 될지 누가 알겠는가.

 우리는 모양을 잘 갖췄다. 시작이 좋다는 말이다. 얼마나 크게 자라고 많은 열매를 맺을지는 우리 하기 나름이다. 나도 우리에게 주어진 엄중한 소명에 기꺼이 한몫하리라 마음을 다잡는다.

 나는 그곳에 있었다. 장차 우리나라 수필 문단에서 큰 몫을 담당할 우리의 축제 현장에 말이다. 우리는 영롱한 눈빛과 뜨거운 가슴으로 우리의 소명을 함께 확인하였다. 나는 거기에서 희망을 보았다. 우리가 오순도순 끌고 밀며 함께 한다면 이루지 못할 것이 무엇이리. 그것은 작지만, 작지 않은 축제였다.

천당 가고 싶지 않아요

전해 들은 실화다.

오래전 우리 고장 산골 성당에 젊은 신부가 부임했다. 그곳은 마을 주민 대부분이 천주교 신지인 '교우 촌'이었다.

경험이 많지 않은 신부는 이런저런 걱정이 많았다. 특히, 나이 든 분들이 많은 곳에서 어떻게 처신할지가 고민거리였다.

그런데 부임해 보니 괜한 걱정이었다. 사람들이 순박하고 인정이 많았다. 조선 시대 박해를 피해 온 사람들의 후손답게 하나같이 신앙심이 깊었다. 미사에 빠지는 이도 없고 기도도 열심히 하였다. 갖가지 성당 행사에 너 나 나 할 것 없이 적극적으로 참여했다.

사제에 대한 공경이 각별했다. 노인들도 진심으로 신부를 섬겨 주었다. 신부의 뜻을 거스르는 이는 아무도 없었다. 순명 정신이 몸에 밴

사람들이었다.

　신부는 금방 안정을 찾았다. 모든 게 순조로웠다. 그런 중에 신부에게 풀리지 않는 수수께끼 하나가 생겼다.

　한 사람을 도무지 이해할 수가 없었다, 주민 중에 가장 점잖은 사람이었다. 행실과 예의가 반듯하고 분명하였다. 성품은 온화하고 누구와 다투는 일도 없었다. 그는 누가 보아도 마을에서 으뜸가는 신사였다.

　그런데 그가 천주교 신자가 아니었다. 수십 명 중 신자 아닌 사람이 두셋뿐인데, 그가 신자가 아니라니 아무리 생각해도 수수께끼였다. 신자들 여럿에게 까닭을 물었다. 누구도 연유를 알지 못했다.

　신부가 그를 찾아갔다. 그가 반가이 맞아주었다. 조심스럽게 천주교 입교 의사를 타진하였다. 그가 깜짝 놀라며 손을 저었다.

　한편, 신부의 노력에 힘입어 신자가 아니었던 다른 이들이 세례를 받았다. 마침내 그만 남았다. 마지막 한 사람까지 세례를 베풀고 싶었던 신부가 기회가 닿는 대로 그를 찾아가 입교를 권유했다. 그는 한사코, 그러나 점잖게 거절하였다.

　그러던 어느 날 그가 죽을병에 걸렸다. 소식을 들은 신부가 그의 집을 찾았다. 그리고 설득했다. "곧 세상을 떠날 텐데, 세례를 받고 천당 가셔야지요." 그가 신부에게 물었다. "신부님, 세례받으면 정말 천당 가나요?" "그럼요. 확실합니다. 제가 장담해요."

　그가 잠시 생각에 잠기더니 신부에게 말했다. "싫어요. 저 천당 안 갈래요." "왜요?" 그가 숨을 몰아쉬며 말했다. "아주 오래전 일입니다만, 우리 마을 내 친구 중에, 아주 나쁜 놈이 있었어요. 그런데 그놈이 천주교 신자였습니다. 신자였으니까 지금 천당에 있을 것 아니에요. 그 놈을 죽어서 또 만나라고요?"

그는 끝내 세례를 받지 않고 눈을 감았다.

고양이, 무대에 서다

　어두운 곳에 고양이 몇 마리가 수상쩍게 앉아 있다. 갑자기 천둥 번개 치고 불빛이 번쩍인다. 곧이어 예쁜 고양이 한 마리가 나타나더니 알아들을 수 없는 말을 요염하게 마구 쏟아낸다. 그것도 영어로 말이다. 심장이 멎을 것 같은 긴장감이 죄어 온다.
　겨울비가 내리는 2월의 어느 토요일 밤에, 한국소리문화의전당 연지홀을 찾았다. 모처럼 음악과 춤이 어우러지는 현대무용을 맛보기 위해서였다. 가족과 함께했기에 더욱 좋았다. 먼 곳에서 대학에 다니는 손자도 일부러 찾아왔다. 기쁨에 기쁨을 더한 밤이었다.
　부끄러운 고백을 먼저 해야겠다. 어려서부터 나는, 춤이란 여자의 취미 정도로 여겼다. 무용을 전공한다는 것은 도무지 이해할 수 없었다. 하물며 남자라면 더 말할 나위가 없다. 몸으로 내 감정과 사유를 표현하는 기막힌 예술을, 나는 몰라도 너무 모른 채 살았다.

고양이끼리 이야기를 나눈다. "인간과 소통하는 방법을 알고 싶다고? 왜 그런 생각을 하는 거야? 주변에 있는 인간들을 봐봐. 같은 종족은 물론, 우리 고양이까지 죽이잖아. 하루에 버려지는 고양이가 얼마나 많은지 몰라? 그런데도 그들과 소통하고 싶어?"

이번에 관람한 현대무용 《CAT》는 베르나르 베르베르의 소설 《고양이》를 모티브로 한 작품이다. 반려동물 중에 고양이의 행동은 우리가 이해하기 힘든 축에 속한다. 그러나 고양이 편에서 보면, 우리 인간이야말로 가장 이해하기 어려운 존재이지 않을까? 사랑, 전쟁, 우정, 배신, 욕망 등 우리의 감정과 행동을 고양이는 어떤 눈으로 바라볼까?

이 작품은 우리에게 친근한 고양이를 키워드로 삼았다. 유쾌하고 재미있지만 다소 쓸쓸한 우리네 삶의 이중적인 모습을 표현하면서, 여러 가지의 짧은 장면들을 옴니버스 형식으로 담아냈다. 그러니까 '고양이가 바라본 인간'과 '인간이 바라본 고양이'를 대비히며 익살스럽게 무대에 올린 것이다.

여주인공의 춤 솜씨는 압권이었다. 인간의 몸이 얼마나 유연할 수 있는가, 그 한계를 보여주는 듯했다. 그리고 아름다웠다. 몸으로 말하고 노래하며 감정을 전달할 수 있다는 사실을 새삼 깨달았다. 여주인공뿐만 아니었다. 다른 출연자들의 기량도 수준 이상이었다. 우리 고장의 예술 수준이 얼마나 뛰어난지를 확인하는 계기가 되었다.

여주인공은 우리 고장에서 중·고등학교를 졸업하고 한국예술종합학교를 졸업한 재원이다. 내 수필 졸작 〈삼 남매는 용감하였다〉의 삼 남매 중 둘째의 딸이다. 그는 어려서 미국으로 건너갔다가, 중학교에 입학한 후 일 년 만에 귀국하였다. 공연 중 그의 현란한 영어 솜씨는 십년 남짓의 미국 생활에서 길러진 것이다.

엄마가 남매를 데리고 미국에서 한의사 공부할 때 아버지는 한국에서 직장 생활하며 뒷바라지했다. 기러기 아빠 생활 몇 년 후 미국에서 가족은 다시 만났다. 그러나 그가 귀국하자 아버지가 뒤따라왔다. 미국에 생활비 보내랴, 딸 뒷바라지하랴, 기러기 아빠의 고달픈 삶이 다시 이어졌다.

하지만 그에게 아픔이 있다. 그가 대학에 입학할 즈음 아버지가 갑자기 세상을 떠났다. 심장마비였다. 회사 일 외에도 미국 가족과 한국의 딸을 돌보며 쌓인 피로와 고달픔이 원인이었지 않을까 싶다. 이날, 딸의 훌륭한 공연을 하늘나라에서 바라본 아빠의 심정을 헤아려 본다. 하지만 그게 가당키나 한가?

오래전 TV에서 발레의 전설 강수진과 피겨 스케이트의 여왕 김연아의 발을 각각 따로 본 일이 있었다. 예쁜 얼굴과 달리 발은 거칠고 볼품없었다. 끝없는 연습과 공연으로 발이 얼마나 혹사당했을까? 그들은 늘 발 부상을 끼고 살았다. 그들의 인생 역정을 지켜보면서, 책상에서 하는 공부는 차라리 사치처럼 여겨졌다. 그도 저들과 다르지 않을 것이다. 같은 길을 걷고 있는 그가 새삼 대견하고 자랑스러웠다.

공연 관람료는 3만 원이었다. 초대권을 넉넉히 받은 나는 예술의 향기를 나누고자 함께 공부하는 수필 반 글 벗들을 초대했다. 음악을 전공한 문우 한 분이 초대에 기꺼이 응해주었다. 그분은 무용을 즐기려는 마음 외에도 빈 좌석을 채워 공연자를 격려하려는 따뜻한 마음이 더 컸지 않았을까 짐작되었다. 그분의 따뜻한 인정에 힘입어 2층까지 거의 만석이었다. 꽉 찬 공연장을 둘러보는 내 마음이 겨울 막바지의 추위 속에서 온기로 가득해지는 느낌이었다.

공연을 계기로 삼 남매의 가족과 친지를 두루 만났다. 가족보다 더 가족 같고 형제보다 더 형제 같은 분들이다. 그분들과의 오랜만의 상봉은 공연의 덤 치고는 넘치는 즐거움이었다. 반갑게 안부 전하며 공연의 기쁨을 함께 나눴다. 주인공에게 꽃다발을 한 아름 안겨주며 축하했다. 뒷바라지에 노심초사했을 그의 어머니에게도 작지만 고운 꽃다발을 안기며 축하와 위로의 마음을 전했다.

안무가 겸 남자 주인공 또한, 우리 고장 출신으로 이력과 경력이 화려하다. 그도 한국예술종합학교 출신으로 '뉴욕코즐로바국제무용콩쿠르'에서 금상, '서울국제무용콩쿠르'에서 안무상을 받았다. 그밖에도 평창동계올림픽 폐막식과 세종문화회관에서 열린 오페라 《투란도트》에 출연하는 등, 그가 받은 상과 참여한 국내외 무대는 일일이 열거할 수 없을 정도로 부지기수다. 젊은 그에게 거는 기대가 태산처럼 크다.

공연에서 잊지 못할 장면 하나는 25명의 초등학생으로 보이는 어린 무용수들의 춤판이었다. 특히, 〈검은 고양이 네로〉 음악에 맞춰 펼쳐진 군무가 인상적이었다. 관객 모두가 노래를 함께 부르고 손뼉 치며 흥겨운 시간을 보냈다. 나도 동심으로 돌아가 노래와 춤에 동참하였다. 몸과 마음이 치유되는 희열을 맛봤다.

나는 지금 아름다운 인생의 황혼에 서 있다. 세상은 환희와 신비로 가득했다. 하지만 내 이승에는 아쉬움이 곳곳에 묻어있다. 그중 하나가 춤이다. 무용의 멋과 아름다움을 모른 채 살아온 지난날이 살짝 부끄럽고 후회스럽다. 이제는 무용이 어떤 예술 못지않게 아름답다는 사실을 안다.

다음 생의 버킷리스트를 헤아린다. 그 앞자리에 기꺼이 춤을 올려놓는다.

정글을 헤쳐나가듯 지뢰밭을 밟아가듯

문자 메시지를 받자마자 답장을 보냈다.

"아빠 나 폰 고장 나서 AS 맡기고 임시 임대폰 받아 쓰고 있어. 메시지 보면 답줘요."

-이게 임시 폰이야? 전주에 도착했고?

"네 아빠 임시 사용하는 폰이에요. 아빠 뭐 하세요? 시간 되면 부탁 하나 해도 돼요?"

-오케이. 뭐든.

"폰 파손 신청해야 하는 거 나 폰 안 돼서요. 아빠 앞으로 신청해도 괜찮지~?"

-암먼. 몇 개든

"지금 해볼게. 아빠 주민번호 적어줘요. 해보고 문자할게."

−460***−1400***

"잠시만요. 지금 해볼게요. 아빠 나 폰 안 돼서 아무래도 아빠하고 나 폰 연결해서 해요. 그게 쉬울 것 같아."

−무슨 말인지 모르겠지만 무조건 오케이

"나 폰 데이터 안 되는 폰이어서 아빠하고 나 폰 연결해서 하면 쉬울 것 같아서요. 연결하는 거 보내줄게요. https://play.google.com/store/apps/details?id=com.teamviewer.uicksupport.market&hl=ko 이 영문 눌러서 설치해줘요. 설치하고 모든 걸 동의 계속하면 아이디 10자리 숫자가 보일 거에요. 설치 쉬우니깐 10자리 숫자 적어줘요. 아빠~"

(………)

"아빠 연결하는 거 아직 설치 안 됐어요?"

−어려워서 못하겠어. 내일 언니랑 같이하려고. 미안해.

"아빠 어디서 잘 안 돼요? 내가 보낸 영문 눌러서 설치까지 눌렀어?"

(………)

−딸들과 연락해 보니 아무도 고장 난 애가 없네. 보이스피싱인가봐. 맞아? 왜 그렇게 사시나요?

문자를 받기 이틀 전, 막내딸이 가족 캠핑을 떠났다. 3일 일정이었다. 비가 많이 내리고 있었다. 더 큰 문제는 3일 동안 줄곧 많은 비가 예보되고 있었다는 점이다. 예약을 취소할 수 없다며 장대비 속을 뚫고 떠났다. 바라보는 내가 더 심란했다.

　몇 시간 후 딸이 소식을 전해왔다. 비바람 맞으며 텐트 치느라 기진맥진했다며 동영상을 하나 보내왔다. 텐트 앞이 개울이 되어 흙탕물이 흐르는데 금방이라도 천막 안에 물이 들이칠 듯 보였다. 밤새 걱정이 떠나지 않았다.

　딸네가 돌아오는 날, 딸의 휴대전화가 고장 났다는 그 문자를 받았다. 빗물에 잠겨 고장 난 것으로 지레짐작하였다. 이런 경우를 '확증편향'이라 하던가? 글이 조잡하다거나 주민등록번호를 묻는 것 등에도 의심하지 않았다. 앱을 깔고 '동의'를 이어갈 때도 마찬가지였다. 일사천리로 일을 진행하다 마지막 아이디 10개의 숫자를 입력할 무렵에 잠시 멈췄다.

　사위에게 전화했다. 사위는 딸과 함께 있지 않았다. 짐이 많아 차 두 대로 이동 중이라 했다. 딸의 휴대전화가 고장 난 게 사실이냐고 물었더니 그렇다고 대답하였다. 공연히 의심한 것을 탓하며 아이디를 입력하려는 순간에 딸에게서 전화가 걸려왔다. 그리고 깜짝 놀라는 것이었다. 산중이라 일시 통화가 어려웠을 뿐, 고장은 아니며 문자를 보낸 사실도 없다고 하였다. 다행히 아이디 숫자를 입력하지 않았다.

　그리고 나서 다시 문자를 읽어보니 평소 딸의 글과 달라도 한참 달랐다. 그런데도 그때는 그게 눈에 들어오지 않았다. 믿는 대로 생각하고 판단한다는 말이 사실이었다. 다만 황망 중에 주민등록번호를 잘못 입력한 것은 천만다행이었다. 결정적 순간에 오타를 친 나를 보고, 가족들은 박장대소하며 복도 많다고 놀리듯 축하해주었다.

컴퓨터학을 전공한 둘째 사위에 따르면 내게 전송된 영문은 '원격조정 앱'이었다. 아이디를 입력했다면 사기범이 내 휴대전화를 마음대로 조종하고, 그것을 이용하여 은행에서 대출을 받거나 물품을 사들이는 등 헤아릴 수 없는 손해를 끼쳤을 수도 있었단다. 온 가족이 가슴을 쓸어내렸다.

내 주변에도 '보이스피싱' 피해를 본 사람이 적지 않다. 얼마 전 일이다. 내가 펴낸 《바람떡》을 증정하기 위해 고향 친구에게 전화를 걸었다. 그런데 낯선 이가 전화를 받는 게 아닌가! 그도 보이스피싱을 당해 전화번호를 바꾼 것이었다.

친구 경우에도 수법이 나와 거의 비슷했다. 느낌으로는 동일범 같았다. 친구는 나보다 어리숙해서 통장 비밀번호까지 털어놓았단다. 피해 액수가 무려 4천5백만 원에 이르렀다. 그런데 정작 내가 놀란 것은, 그 친구뿐만 아니라 다른 이들도 사기당할 만한 사람이 아니라는 점이다. 하나같이 야무지고 똑똑한 사람이다. 어떻게 속을 수 있었는지 그때는 도무지 이해할 수 없었다.

이전에도 내게 보이스피싱으로 의심되는 문자나 전화가 셀 수 없이 왔었다. 그때마다 사기란 것이 눈에 뻔히 보여 적당히 타이르는 글이나 말로 마무리했었다. 그런데 이번에는 달랐다. 문자 내용과 당시의 내 상황이 공교롭게 맞아떨어진 것이다. 이른바 '확증 편향'에 빠진 나는, 그저 잘 조종되는 로봇에 불과했다.

문명이 발달하여 살기가 참 편해졌다. 그중에서 휴대전화는 문명의 꽃이라 불릴만하다. 손에 쥐어지는 작은 기계가 못 하는 게 없을 정도다. 놀랍기만 한 이 멋진 기계가 흉기가 되어 수많은 피해자를 만들어 내다는 것은 현대 문명의 아이러니가 아닐 수 없다.

나는 타고난 기계치다. 그렇지만 발달한 문명 속에서 기계의 혜택을 누리며 행복하게 잘 살아왔다. 이따금 사용법을 잘 몰라 기계 앞에서 주눅 들기는 했지만 말이다. 어떤 때는 내가 현대판 문맹인처럼 느껴져 자괴감에 빠지기도 하였다.

그러나 더욱 참기 어려운 것은, 같은 동포끼리 이 마법 같은 기계를 이용하여 끊임없이 남을 속이고 돈을 갈취하려 한다는 사실이다. 그렇다고 숨을 곳도 없다. 그러니 어찌하겠는가? 살날이 많지 않다는 것을 위안 삼아 맹수와 독충이 들끓는 정글을 헤쳐나가듯, 지뢰밭을 밟아가듯 살아갈밖에….

5부

또 한 번의 달콤한 고문

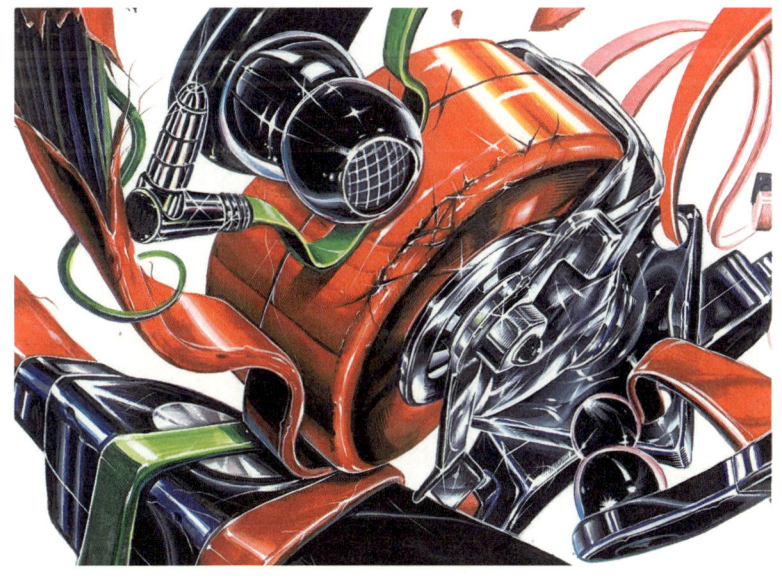

셋째 손자 김재성의 고등학교 때 작품

야, 이 도둑놈들아!

참 희한하고 놀라운 일이었다. 그가 밥을 남긴 것이다. 함께 점심을 먹던 동료들의 눈이 휘둥그레졌다. 처음 겪는 일이기 때문이었다. 그는 음식을 소중히 여겨 남기는 꼴을 못 보던 대식가였다. 회식 자리에서 웬만큼 남은 음식은 모두 그가 해치웠다. 우리 사이에서 그는 '잔반처리사'로 불리었다.

선배 한 분이 바로 병원에 가서 진찰을 받아보라고 권유했다. 그날 오후에 가까운 병원을 찾았다. 의사 선생님이 대학병원에 빨리 가서 자세히 검사해보라고 말했다. 위암이 의심된다면서 말이다.

그는 다음 날 우리 고장 대학병원으로 향했다. 위암 확진 판정을 받은 얼마 후 수술을 받았다. 호전과 악화를 반복하며 투병 생활을 이어 갔다. 그러다 발병한 지 꼭 일 년 만에, 그는 우리 곁을 떠났다.

세상이 어둡고 쓸쓸했다. 멋진 인간 하나를 잃었기 때문이었다. 그는 인품과 행실에서 양반 중 양반이요, 신사 중 신사였다. 그는 교사로서도 사표가 될 만한 분이었다.

그는 군산 옥구 태생으로 공주사범대를 졸업한 화학 교사였다. 학생에게는 친절하고 자상한 아버지 같은 분이었고, 동료에게는 점잖고 든든한 동지였다. 세상에서는 법과 질서를 존중하는 성실한 시민이었으며, 정의로웠고 불의에는 단호한 인물이었다. 직장에서 그를 싫어하는 사람은 없었고, 그가 특별히 멀리하는 사람도 없었다.

교사에게 빼놓을 수 없는 덕목은 수업기술이다. 그는 수업의 달인이었다. 여학생은 대체로 화학을 어려워한다. 그러나 그에게 배우는 학생은 화학이 제일 쉽다고 말했다. 전라북도 학력평가나 전국 단위 모의고사에서 우리 학교 화학 성적은 다른 과목보다 득점률이 꽤 높았다.

그의 능력은 학력고사가 끝난 후 더 분명하게 증명되었다. 당시 화학은 열네 문항이 출제되었는데, 그중 열두어 문항을 족집게처럼 맞히곤 하였다. 어떤 문항은 지문이나 정답 보기가 그가 출제했던 것과 똑같아 우리를 놀라게 하였다.

그에게 물었다. 어떻게 적중률이 그렇게 높을 수가 있느냐고 말이다. 그의 대답은 이랬다. "학력고사에 나올 문제가 눈에 뻔히 보이는데 어떻게 그것을 놓칠 수 있지?" 그는 오히려 내 질문이 이해되지 않는 듯 고개를 살짝 갸우뚱거렸다. 나는 부끄러워 고개를 들 수 없었다.

특별한 추억 하나가 떠오른다. 중간고사나 기말고사 또는 대입 학력고사 즈음해서, 우리 고장 다른 학교 여고생들은 우리 학교에 있는 친구에게서 화학 노트를 빌리는 소동이 일어나곤 하였다. 참고서보다 더 도움이 되었기 때문이었다. 노트를 빌려준 우리 학생은 약속 기일을 한참 지나 너덜너덜해진 노트를 받았다. 정작 본인은 시험공부를 제대로 못 하는 경우가 허다하였다.

그의 매력은 유머와 여백의 멋에서도 나타났다. 교직원 회의가 있던 어느 날이었다. 중요한 일을 앞두고 교직원 회의에서 투표할 일이 있었다. 회의 진행 과정을 칠판에 기록해야 했다. 공교롭게 그가 칠판 가까이 앉아 있었다. 그가 일어나 백묵을 집었다. 교감 선생님이 익살스러운 웃음을 지으며 "아니, 지금 이 선생이 쓰겠다고?" 말을 건네자, 교무실 안에 폭소가 쏟아졌다. 그의 필체는 보기 드문 악필이었다. 그가 능청맞게 "제 글씨가 어때서요?"라고 말을 받자, 다시 한번 웃음바다가 되었다.

그가 투병을 시작한 후 첫 연말이 다가왔다. 그가 세상을 떠나기 얼마 전이었다. 가까이 지내던 우리 몇이 그를 문병했다. 그가 초췌한 모습으로 우리를 맞았다. 씩씩하고 기상이 높던 그가 메마른 고목으로 변해 있었다. 방안에 짙은 우수가 내려앉았다. 무거운 침묵이 흘렀다.

누구도 쉽게 입을 열지 못했다. 견디지 못한 누군가가 TV를 켰다. 뉴스 시간이었다. 아나운서와 기자가 번갈아 가며 서울시 고급 공무원의 뇌물 수수를 질타하고 있었다. 일행 중 하나가 입을 열었다. "저런 놈은 깜빵에 처넣고 평생 콩밥을 먹여야 해." 그러자 다른 이가 "아냐, 광화문 네거리에서 총살시켜야 돼."라며 거들었다.

비로소 우리의 말문이 터졌다. 우리는 그의 투병 생활을 비롯하여 학교와 교직원의 근황을 묻고 답하였다. 이런저런 이야기 끝에 연말정산이 화제가 되었다.

당시에는 오늘날과 달리 전산 시스템이 제대로 갖추어지지 않았었다. 세제 혜택을 받기 위해 증빙자료를 일일이 모아 제출해야 했다. 당연히 가짜 서류가 많이 생산되었다. 교회 헌금이나 각종 기부금이 부풀려지고 의료비도 마찬가지였다. 잘 아는 의사나 약사를 찾아가 허위 영수증을 발급받아 제출했다. 나도 그랬다.

그는 수술과 장기 입원으로 의료비가 적지 않았다. 친절한 동행 하나가 "선생님 매제가 약사잖아요. 그에게 부탁해서 영수증을 더 많이 떼어달라 하세요."라고 제안하였다.

그때 그가 갑자기 천둥 같은 목소리로 "야, 이 도둑놈들아!"라고 고함을 질렀다. 어리둥절한 우리를 노려보며 그가 말을 이었다. "조금 전에 서울시 공무원의 비리를 비난하며 평생 깜빵에 처넣거나 광화문 네거리에서 총살시켜야 한다고 말한 놈들이, 날더러 가짜 서류를 내서 세금을 줄이라고?" 그의 훈계가 이어졌다. "너희들도 다 똑같은 놈들이야. 너희가 고위직에 있다면 저놈들과 똑같이 해 먹을 거야."라며 서슬이 퍼렇게 나무랐다. 우리는 모두 쥐구멍을 찾았다. 내 등에 서늘한 땀이 흘러내렸다.

겨울 장맛비가 며칠 새 내리고 있다. 하염없이 내리는 비를 바라보노라니 그리운 이들의 얼굴이 파노라마처럼 스친다. 문득 이맘때 세상을 떠난 그의 얼굴이 정지된 화면처럼 내 눈앞에 또렷이 머문다. 학생들의 영웅이었으며 의로운 동료였던 그가 그립다. 하지만 어쩌랴. 가슴 아린 그리움을 무심한 비에 흘려보낼밖에.

세상이 쓸쓸해지다

　청천벽력이었다. 몸 한쪽이 무너져 내리는 듯했다. 봄이 오는 2월의 길목에서 뜻밖의 부음을 들었다. 반세기 가까이 정을 이어온 선배가 세상을 떠난 것이다. 자연사나 지병으로 떠났다고 해도 섭섭할 텐데 사고사라니, 더욱 안타깝고 믿기지 않았다. 그는 나보다 아홉 살 위이고, 구순을 눈앞에 둔 나이였다. 나이로만 보면 아깝다거나 단명했다고는 말할 수 없겠다. 그렇지만 그와의 이별은 내게 특별한 의미가 있다.
　삼십을 갓 넘긴 내가 그렇게 소망하던 학교에 어렵게, 어렵게 부임하였다. 새로운 직장에 부임하는 첫날은, 모든 게 낯설고 설렘과 두려움을 동시에 안게 마련이다. 그날 내가 그랬다. 눈길을 어디에 둘지조차 막막했다. 그때 내게 맨 먼저 말을 건네준 이가 그였다.

나이가 나보다 한참 위지만 전혀 부담이 느껴지지 않았다. 다소 과장된 몸짓에 목소리에는 정이 뚝뚝 배어 떨어졌다. 그의 인사는 청산유수였다. 어려서 극장에서 들었던 변사의 말솜씨였다. 그와의 첫 대면으로 마음이 한결 편안해지고 안정을 되찾았다.

이후 그의 일방적인 사랑에 힘입어 우리는 단짝이 되었다. 그는 내게 '아낌없이 주는 나무'였다. 바람 불면 바람막이가 되어주고, 비 오면 우산이 되어주었다. 추운 날엔 따뜻한 아랫목이 되어주었으며, 사소한 일에도 함께 기뻐하고 슬퍼해 주었다. 그는 앞에서는 끌어주고 뒤에서는 밀어주었다.

그를 회고하며 글을 쓴다면 나만 한 사람이 없을 것이다. 가족을 빼고 그를 나만큼 잘 아는 사람이 많지 않을 것이기 때문이다. 외람되지만, 그는 모범적이거나 뛰어난 사람은 아니었다. 나라를 구하거나 세상을 바꾼 위인은 더더욱 아니었다.

그는 단순한 사람이었다. 계산에 밝지 못했다. 생각이 복잡하지 않았다는 말이다. 그는 평생을 나이 많은 어린이로 살았다. 속마음을 접어두고 말하거나 행동하지 않았다. 말과 행동이 곧 그의 마음이었다. 그래서 편했다.

그는 일생 가슴으로 살았다. 내가 그의 초상화를 그린다면 머리는 주먹만 하고 가슴은 드럼통만 할 것 같다. 그만큼 공감 능력이 뛰어난 이를 본 일이 없다. 그는 항상 곁에 있는 이와 한 몸, 한마음으로 살았다.

그런 성품 탓이었을 것이다. 유난히 빚보증을 많이 섰다. 그는 동료나 친구의 어려운 처지를 외면하지 못했다. 딱히 절친한 사이가 아니어도 보증을 부탁하면 선뜻 서주었다. 내가 걱정하면 어떻게 거절하겠냐며 나를 빤히 바라보았다.

일이 잘못되면 빚을 떠안을 수 있음을 그는 잘 알고 있었다. 오히려 나를 안심시키려는 듯 "조선사람이 빚 없으면 무슨 재미로 살아?"라며 태평하게 너털웃음을 지었다. 이 말은, '빚도 재산'이라는 말과 함께 그의 대표적 어록이 되었다. 그는 가까이하는 이와 늘 함께 웃고 슬퍼하며 한숨지어 주었다.

그는 눈물이 많았다. 울보에 가까웠다. 일상의 대화에서도 나나 다른 사람은 멀쩡한데 그만이 눈시울 붉히는 일이 흔했다. 슬픈 일뿐만 아니라 사소한 일에도 감동하여 그는 손수건을 꺼내 눈물을 닦았다.

그런 분이었으니 내가 집사람을 잃었을 때 어땠을까는 상상하기 어렵지 않다. 그는 자신이 당한 일처럼 슬퍼했다. 상 노인 소리 들을 만한 그가 눈물이 그렁그렁한 채 오랫동안 나를 꼭 안아주었다. 그의 따스한 인정이 내 혈관을 타고 흐르며 슬픔을 씻어주었다. 세월이 많이 흐른 지금도 그때의 체온을 잊을 수 없다.

그는 국어 교사였는데, 그의 수업은 늘 한 편의 연극이요 드라마였다. 그다운 모습은 특히 시 수업에서 잘 드러났다. 그는 시를 입으로서가 아니라 몸으로 낭송했다. 지그시 감은 눈에서, 얼굴의 미묘한 표정에서, 격렬한 몸짓에서, 허공을 가르는 손끝과 팔에서 시가 흘러나왔다. 그의 시 낭송은 내용보다 몸짓과 표정이 더 재밌고 감동적이었다.

그의 제자라면, 현진건의 단편소설 〈빈처〉 수업을 잊지 못한다. 그의 참모습이 제대로 드러난 순간이었기 때문이었다. 한 구절, 한 구절 읽고 설명하면서 그도 울고 학생도 울었다. 우리와의 술자리나 대화 중에도 이따금 〈빈처〉의 몇 단락을 읊조리며 눈시울 붉히곤 하였다.

그의 진짜 매력은 따로 있다. 그는 실수하는 사람이었다. 그의 실수담을 나열하면 단편소설 한 권 정도는 거뜬히 될 것이다. 그 때문에 우리는 난감한 일을 수없이 겪었다. 그러나 누구도 그의 실수에 화를 낼 수가 없었다. 그가 곧바로 잘못을 인정하고 사과했을 뿐만 아니라, 그것이 그의 순수함에서 비롯된 것을, 모두가 알고 있었기 때문이었다. 그는 미워하려 해도 미워할 수 없는 사람이었다.

전설 같은 그의 실수는 어느 정규 고사 때 일어났다. 시험지를 나눠주자 잠시 후에 한 아이가 손을 들고 말했다. "선생님, 이상해요. 문제마다 정답이 표시되어 있어요." 그러자 모든 학생이 "맞아요." 하며 맞장구쳤다. 학교에 비상이 걸렸다.

사연인즉 이랬다. 국어는 수업시수기 많이 힌 힉년을 두세 명이 나누어 수업했다. 교사는 달라도 평가는 같아야 하므로 공동출제하는 게 원칙이다. 그런데 편의상 한 사람이 출제하고 원안을 다른 교사가 살펴본 다음 문제가 있으면 서로 의논해서 문제를 조정했다. 이때 출제자는 원안에 연필로 정답을 표시하고 검토가 끝나면 지우개로 지운 다음 원안을 제출한다. 그런데 그가 그걸 깜박 잊고 지우지 않은 채 제출한 것이었다. 그 시험은 무효가 되고 며칠 후 재시험을 치러야 했다.

'마이카시대'에 접어들어 그도 차를 갖게 됐다. 이때에도 그는 숱한 일화를 생산해냈다. 정년 퇴임 후 그는 시골에서 살았는데 마을 냇가에서 세차하곤 했다. 어느 날 세차 중에 차가 점점 물속으로 가라앉기 시작했다. 흐르는 물에 바퀴 밑의 모래가 조금씩 빠져나간 것이었다. 그가 어– 어– 하는 사이 마침내 차가 완전히 물속에 잠기고 말았다. 세차비를 아끼려다 엔진을 통째로 바꿔야만 했다.

한 번은 사모님을 조수석에 태우고 비탈길을 운전하던 중에 경사가 심한 곳을 지나는데, 사모님이 위험을 경고하였다. 그가 방심한 순간 차가 전복되고 말았다. 뒤집힌 차 안에서 둘은 한참 동안 하늘을 올려다본 후에 겨우 차 밖으로 빠져나왔다.

아찔한 순간도 많았다. 그의 차를 추월하던 대형 트럭의 꽁무니에 치어 논바닥으로 굴러떨어진 일이 있었다. 감나무에 올라가, 감을 따다가 가지가 끊어져 땅 위로 떨어졌는가 하면, 마루 끝에 서 있다 마당으로 넘어져 갈비뼈가 부러진 일도 있었다.

하나만 더하겠다. 그는 소, 돼지, 개, 닭, 염소 등 여러 가축을 키웠다. 언젠가 숫염소 한 마리가 우리 밖으로 탈출했다. 잡힐 듯, 잡힐 듯 잡히지 않았다. 며칠을 고생했지만 허사였다. 마침내 포기했다. 어느 날 염소가 집안에 들어섰다. 발정 난 암컷을 보고 찾아온 것이다. 그가 우리 문을 살짝 열어주었다. 수컷이 제 발로 들어가길 기대하면서…. 그런데 아뿔싸! 암컷이 우리 밖으로 나와 두 마리를 잃는 황당한 일이 벌어졌다. 여러 날 고생, 고생하여 겨우 거둘 수 있었다.

그를 만날 때마다 즐거웠다. 매번 기상천외의 사건 사고를 들을 수 있었기 때문이었다. 이야깃거리가 없던 날은 드물었다. 걸쭉한 그의 입담에 그의 무용담은 웬만한 영화보다 재미있었다.

그의 마지막 사고는 그에게서 들을 수도, 웃을 수도 없게 되었다. 사고 당일 집안의 선산을 꾸미기 위해 사 온 묘목을 트랙터에 싣고 산에 올랐다. 묘목을 내려놓고 하산하던 중 트랙터가 전복되는 사고를 당했다. 그 무렵 며칠 동안 겨울 장마가 내려 지반이 약해졌던 모양이었다. 급히 대학병원 응급실로 실려 갔지만, 그날 밤 숨지고 말았다. 내 몸 한쪽이 그렇게 무너져 내렸다.

그를 잃고 이삼일 몸살을 앓았다. 그러던 어느 날 밤에 전화가 걸려 왔다. 내 수필 졸작 〈전화는 사랑을 싣고〉의 주인공이었다. 그녀의 3학년 담임이 그였다. 내가 조문하던 날 밤에, 그녀도 상가에 다녀왔단다. 내가 적잖이 놀랐다. 그녀가 서울에서 살고 있기 때문만은 아니었다.

서울 유명 학원의 이름난 강사로 활동했던 그녀가 만학으로 최근 서울 명문대학에서 박사 학위를 취득했다. 한 걸음 더 나아가 그곳 내학 강사 모집에 응시하여 치열한 경쟁을 뚫고 합격하였다. 첫 강단 준비로 눈코 뜰 새 없이 바쁠 그녀가 만사 제치고 조문한 것이다. 곳곳에 강의 일정이 빼곡하게 잡혀 있는 대학교수 남편과 함께 말이다.

그를 추모하며 긴 시간 그녀와 이야기를 나눴다. 하나같이 우리 가슴에만 묻어두기에는 아까운 추억이었다. 슬픔은 나눌 때 작아지는 법이다. 실바람에 젖은 옷이 마르듯 시나브로 우리는 슬픔을 덜어내며 함께 위안을 얻었다.

얼핏 보면 그는 허물 많은 평범한 인물이었다. 목표지향적인 현대사

회의 관점에서 보면 더욱 그렇다. 하지만 인생의 황혼에 서 있는 내 눈에는, 그가 보석처럼 빛난다. 그는 내가 만난 사람 중에 가장 인간적이고, 영혼이 맑은 분이었다. 그는 우리에게 세상 살맛의 진수를 보여주었다. 그를 제대로 그려낼 수 없는 내 보잘것없는 필력이 안타까울 따름이다.

이제 그를 더는 볼 수 없다. 봄이 지척이건만 세상이 쓸쓸하다.

그까이꺼 뭐, 그냥 대―충

벌건 대낮에 아파트가 무너져 내렸다. 33명이 사망하고 39명이 중경상을 입었다. 1970년 4월, 지은 지 일 년 만의 일이었다. 이른바 '와우 아파트' 사건이다. 서울시가 판잣집 등 불량건축물을 정비하고 변두리로 인구를 분산하려 한 정책으로 지어진 건물이었다. 사고는 불도저식 개발 방법과 낮은 공사비에 부실 공사가 원인이었다.

1994년 10월, 이번에는 다리가 무너졌다. 서울시 성동구 옥수동에 자리한 '성수대교' 붕괴다. 다리의 10번과 11번 교각이 무너지며 32명이 사망하고 17명이 부상했다. 부실 공사가 원인이었음은 두말할 나위가 없다.

그다음 해 6월에는 더 끔찍한 사고가 일어났다. 이때는 백화점이었다. 사망 502명, 실종 6명, 부상 937명이었다. '한강의 기적'을 이루어

올림픽을 개최하고 월드컵을 준비하던 대한민국에서 '삼풍백화점'이 무너진 것이다. 이 또한 부실 공사 때문이었다.

이 정도면 '대한민국'이 아니라 '참사 공화국'이라 할 만했다. 달나라를 다녀오고 화성을 넘보던 20세기 말에 끔찍한 사고가 우리나라에서 예사로 일어났다. 지금 돌이켜보아도 부끄럽고 창피하다. '그까이꺼 뭐, 그냥 대-충'으로 풍자되던 그 무렵의 우리 민낯이었다.

나도 황당한 일을 겪었다. 1970년대 말, 집 장수가 새로 지은 꽤 큰 양옥집으로 이사했다. 거실이 운동장만 했고 방이 넷이었다. 유치원생 딸 둘이 제 방을 얻고 뛸 듯이 기뻐하였다. 집사람은 거실과 방에 새 커튼을 달며 젊은 날의 꿈도 함께 걸었다. 우리는 작지 않은 화단에 갖가지 꽃나무를 심으며 가족의 꿈을 심었다.

하루 이틀 지나며 차츰 무지개 사이로 먹구름이 끼기 시작하였다. 여기저기 작은 하자가 눈에 띄었다. 공사할 때 조금만 주의를 기울였다면 발생하지 않았을 사소한 것들이었다. 솜씨 좋은 집사람 손을 거치며 대부분 제자리를 찾았다.

그러던 어느 날 하늘은 맑은데 마당에 물이 괴었다. 귀신이 곡할 노릇이었다. 추적에 나섰다. 물길은 마당에서 모퉁이를 돌아 부엌 옆 창고 쪽을 향했다. 보도블록을 들춰내 하수관을 살폈다. 부엌에서 하수구까지 연결되는 파이프였다. 그런데 아뿔싸! 관과 관 사이가 5㎝ 정도 벌어져 있는 게 아닌가! 그야말로 '그까이꺼 뭐, 그냥 대-충' 공사였다. 눈으로 보고도 믿을 수 없었다.

성수대교와 삼풍백화점이 무너지던 무렵 나는 교감으로 발령받았다. 학교 신문 기자가 나에게 원고를 부탁하였다. 〈자베르 경감 예찬〉이라는 글을 썼다.

빅토르 위고의 《레미제라블》에서 장발장을 집요하게 추적하던 매정한 경찰 자베르 경감을 소재로 쓴 글이다. 나도 어린 시절 누구나 그랬던 것처럼, 굶주린 조카를 위해 빵 한 조각을 훔친 죄로 19년간이나 옥살이한 장발장을 동정하고 그를 응원했었다. 한편 끝까지 장발장을 물고 늘어지는 자베르 경감을 미워했다.

그랬던 내가 어른이 되어 생각이 바뀌었다. 자베르 경감의 투철한 직업정신이 돋보였다. '그까이꺼 뭐, 그냥 대─충'이 만연된 우리 사회를 보면서 자베르 경감이 신선하고 숭고하게까지 보였다. 자신이 맡은 일을 꼼꼼하게, 빈틈없이, 성공적으로 해내는 프로정신이 아름답게 보인 것이다.

20세기 말 우리나라가 선진국으로 발돋움하던 무렵, 미래의 주역인 학생들에서 이른바 '한국병'의 실상을 깨우쳐주고 싶었다. 그 시절, 맡은 일에 심혈을 기울이고 꼼꼼하게 빈틈없이 일하는 사람을 우리는 '막힌 사람' 또는 '융통성 없는 사람'으로 치부하고 배척했었다. 오히려 대충대충, 어영부영하는 사람을 치켜세웠다. '대장부' 또는 '인간적'이라고 말이다.

계면쩍은 이야기다. 내가 교장으로 재직하던 시절, 대게 자정 무렵까지 교장실을 지켰다. 할 일이 많았다. 홀로 학교에 남아 있는 동안 적지 않은 전화를 받았다. 모두 학부모 전화였다. 교무실은 전화를 받지 않고 담임교사에게는 미안해서 전화할 수 없던 그들이, 혹시나 하는 마음으로 교장실에 전화한 것이다.

　내용은 주로 아이의 늦은 귀가였다. 나는 잠든 담임교사를 깨울 수밖에 없었다. 담임은 아이와 친하게 지내는 친구를 통해 사정을 파악했다. 내가 다시 학부모에게 상황을 알려주면, 그들은 비로소 마음을 놓았다. 그리고 내게 깊이 감사했다. 물론 아무런 도움을 줄 수 없었던 경우도 더러 있었다.

　퇴근할 때는 교장실 전화를 내 핸드폰에 연결했다. 교장실마저 전화를 받지 않는다면 학부모가 얼마나 애타겠는가! 이따금 한밤중에 걸려오는 학부모 전화를 받기 위해 잠에서 깼다. 그러면 나는 담임을 깨우고 담임은 아이의 친한 친구를 깨웠다. 학부모를 안심시킨 다음, 선잠에 들었다.

　나의 이런 처신에 대해 많은 이들이 불만을 드러냈다. 그렇게까지 할 필요가 있느냐는 것이다. 물론 선생님들에게 미안했다. 그러나 다 자란 딸이 밤 깊도록 귀가하지 않을 때의 부모 마음을 헤아린다면, 비난과 미안함을 무릅쓸 수밖에 없었다.

　그 무렵 '그까이꺼 뭐, 그냥 대-충' 외에도 내 귀에 거슬리고 내가 싫어했던 말이 또 있다. '누이 좋고 매부 좋고'라든가 '좋은 게 좋은 것이여'라는 말이었다. 대체로 일을 규범에 따라 정상적으로 처리하지 않을 때, 검은 뒷거래를 하던 사람들이 주고받던 말들이다. 이런 말들은 '그까이꺼 뭐, 그냥 대-충'의 다른 표현들이다.

　나는 평소 이런 말은 농담으로라도 해서는 안 된다고 생각했다. 아니, 꿈속에서라도 하지 말아야 한다고 여겼다. 말에는 힘이 있기 때문이다.

　수레가 두 바퀴로 굴러가듯 사람은 이성과 감성의 두 축으로 살아간다. 이성은 차갑고 감성은 따뜻하다. 이성은 진리를 사랑하지만, 감성은 인정을 강조한다. 둘 다 아름답다. 하지만 둘의 균형이 깨지면 절름발이가 되고 만다. 우리 국민은 이성보다 감성을 앞세우는 듯하다. 이른바 '한국병'의 뿌리가 거기에 있지 않나 싶다.

　다행히 지금은 많이 달라졌다. 옛날과는 확실히 다르다. 그러나 아직은 갈 길이 멀다는 생각을 지울 수 없다. '한국병'의 그림자가 남아있지 않나, 경계하고 또 경계할 일이다.

　다시, 봄이다. '그까이꺼 뭐, 대–충'의 강을 건너, 자베르 경감이 울고 갈 세상을 꿈꾼다.

반납을 고려해 보시기 바랍니다

　세상에 그렇게 재밌는 일이 또 있을까? 처음 해보는 일은 무엇이든 재밌지만, 그것은 차원이 달랐다.
　초등학교 3학년 때였다. 아버지 자전거를 끌고 집 밖으로 나갔다. 끄는 것조차 쉽지 않았다. 동네 친구들 여럿이 자전거 뒤를 따랐다. 애들이 서로 짐받이를 잡으려고 실랑이를 벌였다. 웬만한 퍼레이드 못지않았다. 가까스로 학교 운동장에 이르렀다.
　왼손으로 왼쪽 핸들을, 오른손으로 안장을 잡았다. 오른쪽 발을 프레임 사이로 넣어 오른쪽 페달을 밟고 왼발로 밀었다. 속력이 나면서 자전거의 균형이 잡혔다. 순간 왼발을 왼쪽 페달에 올리고 양발로 페달을 돌리며 운동장을 몇 바퀴 돌았다. 별로 어렵지 않았다. 물론 몇 차례 가볍게 넘어지긴 했지만 말이다.

오래지 않아 안장에 앉아 자전거를 탔다. 다리가 짧아 페달을 돌리려면 몸 전체가 오른쪽 왼쪽으로 번갈아 가며 난리를 쳐야만 했다. 그 무렵 또래보다 일찍 '마이카시대'를 연 셈이었다. 힘들이지 않고 더 빨리, 더 멀리 갈 수 있어 좋았다. 세상에 그보다 재밌는 일은 없어 보였다.

나라 경제가 발전하면서 진짜 '마이카시대'가 되었다. 자동차와 자전거를 어찌 비기랴! 나라 전체가 면허 취득과 내 차 마련으로 들썩거렸다. 나도 서둘렀다. 필기시험에 합격하고 운전 교습에 들어갔다. 시작한 지 보름 만에 합격했다. 눈앞에 신천지가 펼쳐진 것이다.

면허증을 받은 나는 곧장 사업하던 친구를 찾아갔다. 그의 차를 빌려 시내 주행에 나섰다. 처음에는 약간 두려웠지만 금방 안정을 찾았다. 시내를 몇 차례 돈 다음 돌려주었다. 겁 없던 나도 나지만, 갓 면허증을 취득한 왕초보에게 선뜻 차를 내준 친구의 넉넉한 품도 예사로운 건 아니었다.

오래지 않아 나에게도 차가 생겼다. 손윗동서가 큰맘 먹고 선물해준 것으로, 수입차나 다름없는 중형차였다. 가족이나 친구와 함께 세상이 좁다 하고 돌아다녔다. 핑곗거리가 없으면 만들었다. 평생 달린 거리가 얼마나 될까? 모르긴 해도 달나라에 다녀올 만할 것이다. 자동차는 어떤 문명의 이기보다 쓸모 있다. 원할 때 원하는 곳으로 나를 이동시켜 주는 마법의 기계 아닌가. 그것도 순식간에.

가족 나들이할 때면 아이들이 나를 자주 놀렸다. 너무 느리다고 말이다. 추월당할 뿐, 추월을 모르는 내 차가 갑갑했을 것이다. 그러다가 경운기를 만나면 "아빠, 경운기다!" 하며 애들이 신났다. 경운기를 추월할 때면 나를 놀리듯 박수와 함께 함성까지 질렀다. 그러나 집사람은 달랐다. 내 운전이 편안하다며 행복해했다.

강산이 한 번 바뀔 때쯤이면 내 애마도 바뀌곤 하였다. 그럴 때면 적성검사와 함께 운전면허증이 갱신되었다. 나는 지금, 네 번째 애마와 사랑을 나누며 잘 지내고 있다.

며칠 전 교통안전공단에서 통지문이 왔다. 면허갱신 절차에 대한 안내였다. 읽으면서 심사가 불편했다. 전에 없던 절차가 둘이나 끼어있었기 때문이다. 하나는 치매 검사요, 둘은 면허시험장에 가서 안전교육을 받으라는 것이었다. 또 하나 새로운 것은, 면허 유효 기간이 10년에서 3년으로 줄었다는 것이다. 이른바 '75세 이상 고령자'로 분류된 탓이다.

그동안 보건소에서 치매 검사에 대한 안내는 숱하게 받았다. 연중 무료로 받을 수 있단다. 하지만 한 번도 받은 적이 없었다. 그러나 이번에는 사정이 달랐다.

먼저 안전교육을 신청했다. 다행히 온라인으로 가능했다. 한 시간 남짓 걸리는데 시간이 문제가 아니라 내용이 마음에 들지 않았다. 너무나 당연하고 쉬운 문제를 마주하니 민망했다. 더 힘든 건 문제 끝머리마다 듣기 거북한 말을 반복하는 것이었다. "답을 맞히셨다면, 당신은 인지능력이 정상입니다. 만일 틀렸다면 운전을 자제해 주십시오. 그리고 운전면허 반납을 고려해 보시기 바랍니다."

물론 취지는 이해한다. 나의 인지능력을 확인해주고, 만일 능력이 예전 같지 않다면 운전하지 말라고 당부하고 싶은 것이다. 그러나 반복적으로 듣는 나로서는 아주 불쾌하고 힘들었다. 마치 국가가 '너는 늙은이야. 이제 뒷방으로 물러나.'라고 말하는 것으로 들렸다. 그날 비로소 내가 늙었다는 사실을 분명하게 깨달았다. 적잖은 충격을 받았다. 그리고 서글펐다. 그러나 어쩌겠는가. 인내심을 발휘하며 수강을 마치고 수료증을 받았다.

보건소에서 치매 검사를 받았다. 검사 내용이 안전교육 수준과 비슷했다. 어처구니없는 질문에 대답하는 일이 편치 않았다. 가장 어려운 질문이 "민식이는 자전거를 타고 공원에 가서 1시 30분에 축구를 했다."라는 짧은 문장을 들려주고, 그대로 암송해 보라는 것이었다.

치매가 아니라는 확인서를 받고 경찰서를 찾아가 적성검사를 했다. 그런데 이것은 2년마다 병원에서 받는 정기 검진 결과를 공유해 따로 검사하지 않았다. 약간의 경비 부담이 있을 뿐이었다.

그리고 며칠 후 '3년짜리' 새 면허증을 빋았다. 마음이 착잡했다. 가을이 가면 겨울이 오고, 겨울이 가면 봄이 온다. 끝없이 이어질 것만 같았던 계절의 순환이 봄이 오지 않은 채 멈추는 것 같아 마음이 허허로웠다. 이번이 마지막 면허증이 아닐까 싶다. 3년 후에 씁쓸한 이 과정을 반복할 용기가 나지 않을 것 같아서다.

풀이 죽은 내게 문득 글 하나가 떠올라, 찬바람이 스치는 나의 텅 빈 가슴을 온기로 어루만져준다. 로마의 견인주의 철학자 에픽테투스의 강의 중 일부다. 요약하면 이렇다. '우리는 연극 무대에 선 배우와 같다. 어떤 배역을 맡게 될지는 우리의 소관이 아니다. 감독이 시키는

역을 충실히 연기할 뿐이다. 자신의 배역에 불평해서는 안 된다. 어떤 배역을 맡든 최상의 연기를 펼쳐라.'

아역부터 시작하여 푸르렀던 청춘을 거쳐 인생의 황금기인 장년을 불꽃처럼 태웠다. 이제 뒷방 노인 역을 하란다. 내가 할 일은 열정을 다해 연기하는 것이다. 새삼 왜 삐지고 불평하는가? 최고의 연기를 보이자. 지금까지 그랬던 것처럼.

또 한 번의 달콤한 고문

별난 조합이었다. 낯선 젊은이와 밥을 먹고, 그의 차를 빌려 탔다. 한국소리문화의전당에서 피아노 연주를 함께 관람하고, 그의 차를 타고 집에 왔다. 차에서 내리사 선물을 한 바작 담아주었다. 그의 어머니가 마련해준 것이지만.

나이 삼십의 사내. 내 눈에는 한참 풋풋한 청춘이다. 마주 바라보는 눈빛은 4월의 새싹처럼 싱그러웠고, 말과 행동거지는 비단처럼 부드러웠다. 사람은 낯선데 분위기는 전혀 낯설지 않았다. 즐겁고 편안했다.

해마다 4월이면 눈과 귀가 호강한다. 예술과 멀찌감치 떨어져 사는 내가, 모처럼 그 숭고한 세상에 살짝 발을 담그는 계절이다. 제자 잘 둔 덕분이다. 서울이나 외국이라면 마음뿐이지만, 우리 고장에서 열리는 연주회라면 만사 제쳐두고 달려간다. 나만이 아니다. 온 가족이 함께한다. 지난해는 먼 고장에서 유학 중인 손주까지 일부러 와서 참석했다.

사내는 그날의 연주자를 이모라 부른다. 그의 어머니와 그녀는 둘도 없는 단짝이다. 꿈 많은 여고 시절 이래 강산이 몇 번 바뀐 세월에도, 그들의 '젓가락 우정'은 한결같다. 둘 다 남매를 두었는데 큰아이는 동갑이고 둘째도 나이가 비슷하다. 두 가족이 한 가족처럼 지낸다.

그녀의 연주는 대부분 독주다. 하지만 4월에 갖는 연주는 듀엣인데, 이번이 네 번째다. 한국소리문화의전당 그랜드 피아노에서 연탄으로, 또는 마주 보며 듀엣으로 연주한다. 우선 형식 면에서 이채롭다. 연탄으로 연주할 때면 건반 위에서 나비 떼가 분분히 춤을 춘다. 듀엣의 경우 발레처럼 우아하게 춤을 추는가 하면, 갑자기 전쟁터인 듯 혹은 폭풍우가 몰아치는 듯 하늘이 쪼개지며 지축이 흔들린다.

가족의 연례 문화 축제였던 연주회에 올해는 나 홀로 쓸쓸히 참석할 운명이었다. 주말이 아니라 주중에 열린 탓이다. 딸마다 고등학생이 있다. 하나는 무시무시한 '고3'이요, 또 하나는 각오도 비장한 '고1'이다. 주중에는 학원 강의가 없는 날이 없다. 그리고 대학생 손주는 모두 중간고사를 눈앞에 두고 있었다.

밤 운전을 꺼리는 나는 시내버스를 이용하려 했다. 문제는 하나, 꽃다발이었다. 나에게 유난히 친절한 제자 하나가 꽃 가게를 운영한다. 그녀에게 부탁하면 언제나 최상의 꽃다발을 만들어준다. 그런데 이번에는 여느 때보다 더 크고, 더 아름답게 꾸며줬다. 그 꽃다발을 안고 시내버스를 타기에는 부담스러웠다. 아무래도 택시를 타야 했다.

눈치 빠른 사내의 어머니가 아들에게 부탁했다. '내가 서울 나들이 때문에 이모 연주회에 참석할 수 없다. 네가 우리 가족 대표로 다녀와라. 그리고 내 은사님을, 오가는 길 모두 챙겨다오. 저녁을 함께하고 밥값은 꼭 네가 내도록 해라. 챙겨주는 선물도 잊지 말고.'

그렇게 우리는 처음 만나 식사하고, 같은 승용차로 공연장에 가서 피아노 연주를 함께 관람했다. 그가 신통해 보였다. 요즈음 어떤 젊은 이가 낯선 노인과 긴 시간 동안 몇 가지 일을 함께하려 할 것인가? 과장해서 말한다면 신문과 방송에 날 법한 일이다. 사내는 어머니가 맡긴 임무를 완벽하게 수행했다. 밥값을 제외하고 말이다. 내가 눈치껏 밥값을 냈을 때, 사내의 당황해하던 표정이 더할 나위 없이 아름다웠다.

연주회는 2부로 진행되었다. 1부는 요한 스트라우스의 〈박쥐 서곡〉과 차이코프스키의 〈호두까기 인형 모음곡〉으로 채워졌다. 2부는 슈베르트의 〈환상곡〉, 베닛의 〈두 피아노 네 손을 위한 4 피스 스위트〉와 루토스와프스키의 〈파가니니를 주제로 한 변주곡〉을 연주하였다. 여느 해보다 분량이 많아 연습에 힘들었을 것이 분명했다. 내가 할 일은 한 곡이 끝날 때마다 손에 불이 날 정도로 열심히 손뼉 치는 것이었다.

1부와 2부 사이에 잠깐의 휴식 시간이 있었다. 사내의 안내를 받아 공연장 안에서 주인공의 부군과 그의 아들을 만나 인사를 나눴다. 부군이야 공연 때마다 인사했지만 그의 아들은 이번이 첫 상봉이었다. 부모 닮아 점잖고 상냥했다. 연주가 끝난 후 그날의 주인공을 만나기 위해 로비로 향하던 중 계단에 이르렀다. 옆에서 걷던 주인공의 부군이 내 손을 잡아주었다. 내 안전을 챙기는 그의 따뜻한 인정이 혈관을 타고 내 온몸에 흘렀다. 짧지만 영원처럼 느껴진 소중한 시간이었다.

주중임에도 적지 않은 이들이 예술의 매력에 흠뻑 젖었다. 나 역시 마찬가지였다. 다행히 작곡가들이 널리 알려진 분들이어서 연주의 이해에 도움이 되었다.

공연 후 인파에 둘러싸인 제자의 모습이 그렇게 아름다울 수 없었다. 예쁜 데다 자신감 넘치는 그녀의 모습이 돋보였다. 꽃다발을 안겨주었다. 풍성하고 곱던 꽃다발이 그녀 품 안에서 초라해 보였다. 양귀비 앞에 꽃이 부끄러워 고개를 숙였다는 옛이야기가 거짓이 아님을 내두 눈으로 똑똑히 보았다.

너무 기뻐도 눈물이 나는 법이다. 너무 좋아도 숨이 막힐 듯하다. 너무 행복해도 고문당하듯 괴로울 때가 있다. 두 제자를 만날 때마다 내 감정이 그랬다.

둘은 해마다 스승의 날에 나를 찾아와 훌륭한 점심과 선물을 안겨주었다. '이제 그만하라고, 이만했으면 충분하다.'라고 일러도 소용없었다. 어디 그뿐이었던가! 매년 한두 차례 예술의 세계로 초대해주고, 수시로 안부 전해주었다. 그것도 모자라 두 부군도 이런저런 모양으로 나를 돌봐주었다.

돌아오는 차 안에서 사내가 내게 물었다. "어떻게 사십 년 동안 담임선생님과 제자가 서로 내왕하며 지낼 수 있을까요? 아무리 상상해 봐도 이해가 안 돼요." 내가 답했다. "엄마와 이모가 훌륭해서지." 그가 한마디 거들었다. "선생님이 훌륭하시기 때문이 아니었을까요?" 사내는 어머니의 여고 시절에 대해 궁금한 게 많은 듯 이것저것 물어보았다. 내가 자상하게 이야기해주었다. 그가 덧붙였다. "이모는 어땠어요?"

꽃이 다투어 피어나는 4월에, 신록처럼 싱그러운 젊은 사내가 사랑의 행렬에 동참하였다. 이럴 때면 고목엔들 새싹이 돋지 않을 수 있을까? 새싹만이 아니었다. 꽃도 무더기로 피어났다. 또 하나의 달콤한 고문에 염치없이 즐거운 어느 봄날이었다.

미안해, 대한민국!

 몇 년째 잠자고 있던 시계를 깨웠다. 오랜 세월 집사람 예쁜 손목 위에서 사랑받던 시계다. 그가 세상을 떠난 후에는 내 손목으로 거처를 옮겼다. 그에 대한 그리움이 시나브로 잦아들면서 핸드폰에 밀려났다. 그리고는 정처 없이 떠돌다가 깊은 잠에 빠졌다. 어렵게 찾아낸 그것은, 5천 원짜리 건전지를 먹고서 겨우 깨어났다.
 3박 5일 일정의 베트남 다낭 여행을 떠나기로 했다. 기간이 짧고 가까운 곳이긴 해도 해외여행은 해외여행이다. 준비할 게 만만치 않았다. '나 홀로' 낯선 이들과 함께하는 패키지여행이었다. 준비물 목록을 작성하였다. 빠진 게 없나 몇 번이고 확인하였다. 그런 일은 비교적 실수 없이 잘해온 나였다.
 이번 여행 구상은 전과 달랐다. 관광이 아니었다. 내 일상의 재점검이었다. 내 약점의 하나가 쉽게 타성에 젖고 기계적인 삶을 산다는 것이다. 늘 '깨어 살자' 하면서도 금세 '관성의 법칙'을 따르고 만다. 수필을 처음 접한 얼마 동안 내 삶은 '물 만난 물고기'였다. 나날이 싱그럽고 찬란했다. 의욕이 샘솟고 발걸음은 활기찼다.

그런데 얼마 전 문득 살펴보니 '타성의 늪'을 허우적거리고 있었다. 정신이 번쩍 들었다. 나는 의지가 약해서 내 변화를 위해 물리적 변화가 필요했다. 일상을 깨기 위해 일상을 벗어나야 했다. 이번 여행을 기획한 동기였다.

가족에게 일렀다. 비행기 탑승부터 도착 때까지 전화, 문자, 카톡, 사진 전송을 일체 않겠다고 말이다. 아이들이 펄쩍 뛰었다. 내 취지를 잘 설명하고 이해를 당부했다. 하지만 그들은 아쉬운 기색을 감추지 않았다.

한여름의 태양처럼 뜨거운 환송 속에 '탈피'를 위한 발걸음을 힘차게 내디뎠다. 처음 방문하는 낯선 여행지에 대한 설렘과 두껍고 질긴 내 타성을 벗겨내려는 의지로 내 마음이 거센 파도처럼 출렁이었다.

마침내 비행기가 내 의지를 대변하듯 굉음을 내며 하늘로 날아올랐다. 다섯 시간도 채 되지 않아 목적지에 사뿐히 내려앉았다. 이륙하며 꺼놓았던 핸드폰을 다시 켰다. 시계를 맞추기 위해서였다. 베트남과 우리나라는 두 시간의 시차가 난다. 잠시 휴식을 취하고 있던 핸드폰이 기지개를 켜며 일어났다.

하마터면 비명을 지를 뻔했다. 평소와 달리 핸드폰 화면에 두 개의 시간이 사이좋게 나를 반겼다. 하나는 현지, 또 하나는 출발지 시간이었다. 시차도 정확하였다.

　우리 기술의 발달과 친절한 서비스에 놀랐다. 나도 모르게 "미안해, 대한민국!"이란 말이 입가에 흘러나왔다. 아직도 우리나라 기술력을 제대로 알지 못한 채 단잠 자던 시계를 억지로 깨워 가져온 내가 부끄러웠다.

　아무려면 어떤가. 나의 무지가 집사람에 대한 그리움을 살려냈으니 그 또한, 내 복이었다. 덕분에 '나 홀로 여행'에 달콤한 '허니 문' 맛이 더해졌다. 어디 그뿐인가? 타성에서 벗어나기 위한 뜨겁고 치열한 담금질의 시간을 보냈다. '꿩 먹고 알 먹고'였다. 그것은 짧지만, 짧지 않은 여행이었다.

삶이 시들해질 때면

다시 베트남이다. 이번이 세 번째다. 내가 그곳을 처음 방문한 것은, 퇴임 얼마 전이었다. 친구 몇몇과 하노이 일원과 캄보디아 앙코르 와트 사원을 여행했었다. 두 번째는 정년 후에 같은 곳을 다른 친구들과 방문했다.

이번에는 다낭과 호이안 일원이었다. 하노이와 다낭·호이안은 같은 나라지만 인상과 정감이 사뭇 다른 곳이다. 하노이를 정치와 혁명의 도시라 한다면, 다낭과 호이안은 낭만과 관광의 도시라 하겠다. 전자는 베트남의 북부, 후자는 중부에 자리하고 있다.

베트남을 처음 여행할 때의 기억이 엊그제 일처럼 또렷하다. 그곳을 여행지로 결정한 까닭은, 먼저 거리가 가깝고 경비가 저렴했기 때문이었다. 베트남 전쟁과 '호찌민'에 대한 관심도 하나의 이유였다.

이십 년 동안 이어진 베트남 전쟁은 저마다의 역사적 평가와 관계없이, 우리 세대에게는 특별하다. 무엇보다 가까운 친구들과 선후배가 직접 참전했기 때문이다. 또한, 당시 국제사회에서 우리나라 위상을 드러내는 계기가 되었고, 그때 막 시작했던 경제개발을 위한 자본 조달의 창구가 되기도 하였다.

그 무렵 적국의 지도자였던 호찌민이 내 눈길을 끌었다. 그는 베트남의 독립과 통일을 완성한 인물이다. 외신의 그에 대한 평가가 매우 우호적이라는 게 뜻밖이었다. 공산주의를 반대하는 나였지만, 사실을 알아갈수록 그의 인품이 훌륭하다는 사실을 부정할 수 없었다. 그래서 기회가 닿는 대로 그에 관한 공부를 게을리하지 않았다.

호찌민 박물관을 방문했을 때의 감동이 지금도 강물처럼 내 가슴에 출렁인다. 그는 평생을 독신으로 살았다. 자신의 행복보다 민족을 더 사랑했기 때문이었다. 처자식이 생기면 자신의 열정이 분산되고, 가족에 대한 애정으로 마음이 약해질 것을 그는 두려워하였다. 베트남 국민은 그를 국부國父로 추앙했고, 그가 세상을 떠난 지 칠십 년도 더 지난 지금까지 국민의 그에 대한 존경과 애정에는 변함이 없다.

그는 소박하고 검소하게 살았다. 그가 은퇴하고 말년을 보낸 거처는 눈으로 보고서도 믿기지 않을 만큼 간소했다. 나무로 만든 작은 침대와 책상과 의자가 전부였다. 필기구를 담은 필통이 책상 위에 단정하게 자리하고 있었다. 국가에서 마련해준 '주석궁'을 마다하고 고집을 부려 선택한 가난한 삶이었다.

프랑스에 이어 세계 최강국 미국을 상대로 승리를 거둔 베트남 전쟁의 원동력은 누가 뭐래도 호찌민의 열정과 순수한 애국심이었다. 그에게서 나는 지도자상의 전형을 보았다.

하롱베이를 비롯한 관광은 내 관심에서 멀어졌다. 먹고 마시는 것조차 별로 즐겁지 않았다. 호찌민에 대한 매력과 연민에 푹 빠진 탓이었다. 머릿속이 온통 그에 관한 생각으로 가득했다. 사실 그의 숭고한 삶을 눈으로 확인하는 것만으로도 여행의 값어치는 충분했다. 이후, 삶이 시들해지고 일상이 타성에 젖어질 때마다 베트남 여행은 나를 일깨우고 새롭게 출발하는 계기를 마련해주었다.

다만, 이어 찾은 캄보디아 앙코르 와트 유적지의 감동은 차원이 달랐다. 그곳은 프랑스의 박물학자 앙리 무어에 의해 처음 서방세계에 알려졌다. 19세기 후반 그의 탐험으로 수백 년 동안 정글 속에 묻혀 있던 소중한 문화유산이 비로소 빛을 보게 된 것이다. 그는 아름다운 이 사원을 '솔로몬 신전'이나 미켈란젤로 작품에 비유하였다. 유네스코에서는 1992년 세계문화유산으로 지정하였다.

이 사원은 12세기 초, 크메르 제국의 왕 수리야바르만 2세가 힌두교 사원으로 세웠다. 그것은 곧바로 불교 사원으로 바뀌었다. 앙코르는 크메르 어로 왕조, 와트는 사원이란 뜻이란다. 그러니까 '왕조의 사원'이란 말이다.

이곳 사원 벽에 새겨진 부조가 특히 유명하다. 그중에서 내 관심을 끈 것은, 2층 회랑의 부조였다. 거기에는 캄보디아의 대표적 궁중무용인 '압살라' 동작이 천칠백여 개가 새겨져 있다. 오랫동안 잊힌 아름다운 무형문화유산이 부조를 통해 다시 살아나게 되었다.

같은 나라, 같은 곳을 두 번 다녀왔는데 매번 감동이 비슷하고 뜨거웠다. 특히 내게 인상 깊은 기억은 베트남인들의 역사와 현실 인식이다. 베트남 참전으로 우리나라에 대한 감정이 좋지 않을 법한데, 한 번도 그런 인상을 받은 적이 없다는 것이었다. 그들은 우리에게 매우 우호적이고 친절했다. 그들의 김우중 전 대우그룹 회장과 박항서 감독에 대한 애정과 관심은 상상 이상으로 뜨겁다. 그들은 과거를 잊지 않지만, 과거에 얽매이지 않는다고 한다.

이번에 시들해진 내 삶을 새롭게 다지기 위해 다시 그곳을 찾았다. 둘째 딸의 추천에 따라 장소를 다낭, 호이안으로 정했다. 이전과 달리 이번 방점은 낭만이었다. 다낭, 호이안은 우리 고장과 분위기와 정서가 비슷해서 편안했다. 볼거리와 먹거리가 풍부해서 눈과 귀가 호강했다.

친절하고 활기찬 그들의 모습과 나 나름의 내적 성찰, 거기에 지난 두 차례 여행의 기억을 통해 다시 삶에 생기와 활력을 얻었다. 투자한 시간과 돈을 생각할 때 내가 얻은 소득은 몇 곱절이었다. 베트남은 역시 나를 배신하지 않았다. 사족을 단다면 다낭·호이안은 '한달살이'하고 싶을 정도로 마음에 쏙 드는 곳이었다.

한 가지 아쉬운 점은 수필 수업에 빠져야 한다는 것이었다. 나는 좀처럼 수업에 빠지지 않는다. 그것은 내 일상에서 가장 우선순위를 차지하기 때문이다. 고민 끝에 이보 전진을 위해 일보 후퇴하기로 마음먹었다. 여행을 마칠 즈음에는 희생의 대가를 충분히 보상받았다는 생각에 마음이 한결 가벼워졌다.

여행 예찬론자는 말한다. 그들은 여행하며 많은 걸 배우고 깨닫는다고 말이다. 나 또한 마찬가지다. 이번 여행도 그랬다. 이제 마음을 다잡고 새롭게 시작한다. 하지만 의지가 약한 나인지라 내가 나를 못 믿겠다. 부디 항상 깨어 살피며 타성에 젖지 말자고 다짐 또 다짐한다.

바나힐에서 흑맥주 한 잔을

　어떤 이의 프로필 글이다. "난 원 없이 여행 다니는 게 꿈이야." 문학에 갓 입문해서 만난 분이다. 그는 공무원이었다. 퇴근 후 백 리가 넘는 길을 왕복하며 시 창작에 열정을 쏟던 여인이었다.
　그분만큼은 아니어도 나도 여행을 즐긴다. 삶이 시들해질 때면 더욱 그렇다. 일상을 벗어나 새로운 땅, 새로운 사람을 만나면 시들한 초목이 단비를 맞듯 생기가 돋아난다. 이번에도 그랬다. 어느 날 문득 떠나고 싶었다. 삶이 시들해진 탓이었을 게다.
　베트남 다낭과 호이안으로 마음먹었다. 둘째 딸의 추천이 한몫하였다. 딸이 가족과 함께 연전에 그곳을 다녀왔다. 가깝기도 하거니와 볼거리와 먹거리도 좋으며, 여행 경비도 저렴하다며 내게 몇 차례 추천했다.

딸과 사위가 일정과 여행사를 정해주었다. 필요한 물건을 챙겨주고 비행기 좌석까지 잡아주었다. 요긴한 여행 '꿀팁'도 빠뜨리지 않았다. 명색이 해외여행이라며 막내딸 가족까지 합세하여 성대한 환송식을 열어주었다. 먼 곳에 사는 큰딸네 또한, 마음의 성원을 아끼지 않았다. 여행 예감이 좋았다.

친구나 가족과 함께하는 여행은 즐겁다. 그러나 '나 홀로' 여행도 나름의 멋이 있다. 동행 챙기는 번거로움이 없고 의미 없는 수다로 시간을 보내지 않아 좋다. 모처럼 온전히 자신과의 조우를 즐길 수 있다.

인솔자가 없는 여행이었다. 가이드는 다낭 공항에서 만나기로 했다. 출국 수속 또한 개인적으로 해결해야 했다. 나로서는 처음 겪는 일이었다. 약간 두려웠다. 하지만 두려움은 두려움일 뿐 무사히 해냈다.

저가 항공이라 기내식이 없는 비행이었다. 탑승에 앞서 저녁을 했다. 내 옆자리에는 가족으로 보이는 일행 몇이 식사하고 있었다. 그중 나이 지긋한 부인이 내게 과자 한 봉지를 주며 여행 잘 다녀오라고 인사를 건넸다. 처음 보는 분이었다. 흔치 않은 일이다. 낯선 남자에게 친절을 베푼 여인의 용기가 가상했다. 여행 예감이 업그레이드됐다.

비행기 안에서 옆자리에 젊은 남녀가 자리했다. 연인처럼 보였다. 그런데 자리에 앉자마자 둘은 줄곧 핸드폰에 집중했다. 얼마 후 남자는 잠에 빠졌고, 여자는 베트남에 도착할 때까지 꽤 긴 시간 동안 한시도 쉬지 않고 핸드폰에 열중하였다. 연인처럼 보이는데 연인답지 않은 모양새였다. 달콤한 꿀은 어디에서도 찾아볼 수 없었다.

자정 무렵 베트남에 도착하였다. 가이드와 만나 호텔로 향했다. 같은 곳, 같은 방에서 사흘을 지냈다. 짐을 옮기지 않아 편했다. 방은 넓고 시설이 잘 갖추어져 있었다. 하루 관광을 마치고 저녁 식사 후 방에 들어가면 침대와 이불 시트가 새것으로 바뀌어 있고 방안은 깨끗하게 정리되어 있었다. 내 방에 우렁각시가 사는 게 분명했다.

베트남에서의 첫날, 맨 처음 찾은 곳은 '마블 마운틴'이었다. '마블'이란 석회암이 높은 열과 강한 압력을 받아 변질된 돌을 말한다. 그곳은 '오행산'이라고도 불린다. 산봉우리가 다섯 개여서 붙여진 이름이다. 정상에 오를 때는 엘리베이터를 이용하고 걸어서 내려왔다. 정상에 서면 다낭 시내와 바다가 한눈에 들어온다. 내려오면서 멋진 동굴과 불교사원 및 다양한 석상과 불상을 감상했다.

버스로 반 시간 이동하여 17세기 옛 모습을 간직한 도시 호이안에 도착하였다. 그곳은 해양 실크로드의 주요 항구 도시였다. 아시아뿐만 아니라 포르투갈, 프랑스 등 서방국가와도 활발하게 교류했다고 한다.

먼저 투본강을 따라 배 위에서 도시 풍광을 즐겼다. 배에서 내린 다음, 19세기 말 중국 광저우에서 온 상인들이 지은 '광조 회관'을 찾았다. 베트남 건축 양식에 중국 광동성 양식이 어우러진 건물은 매우 화려하였다. 중국 무역상의 상거래 장소이자 휴식 공간이었다고 한다.

이어서 호이안의 재벌이었던 중국인 '턴키의 집'을 찾았다. 이곳은 호이안에서 최초로 유네스코 세계문화유산으로 지정된 건물이다. 집 내부는 화려함의 극치였다. 베트남 문화재청이 1급 고가古家로 지정했으며, 현재는 턴키의 7대 후손이 관리하고 있다.

'풍흥의 집'도 인상적이었다. 이곳은 호이안에서 가장 오래된 목조 건물이다. 1780년 '풍흥'이라는 거상이 지었는데, 베트남식 구조에 일본식 지붕과 중국식 발코니가 조화를 이루고 있다.

빼놓을 수 없는 즐거움이 또 있었다. '올드타운'을 한 걸음씩 또박또박 걸으며 옛 정취를 온몸으로 느끼는 도보 투어였다. 흘러간 시간과 시간 속에 묻힌 수많은 이야기에 귀를 기울이며 걸었다.

호이안에서의 백미는 '바구니 배' 체험이었다. 모습이 바구니를 닮았다 해서 붙여진 바구니 배는, 대나무를 엮어 만든 것이다. 체험장은 그야말로 인산인해였다. 우리가 도착하자마자 한 무리의 뱃사공이 길거리로 나와 우리를 환대했다. 그들은 〈내 나이가 어때서〉를 합창하며 열띤 춤을 선보였다. 순간 우리나라 어느 유명 유원지에 온 것 같은 착각이 들었다. 관광객의 절반이 우리나라 국민이란다.

배 위에서 뱃사공이 펼치는 쇼가 일품이었다. 노를 저어 배를 빙글빙글 돌린다. 속도가 빨라지면 금방 배가 좌우 상하로 요동치며 뒤집힐 것만 같다. 마치 팽이가 속도를 잃고 쓰러질 때의 모습 그대로다. 운 좋게 나도 직접 체험해 봤다. 뱃사공에게 적은 수고비를 주었다. '1달러'가 얼마나 큰 돈인가를 그때 알았다.

은은한 등불 아래 현지식 정찬인 '캔들라이트 디너'를 즐긴 후, 호이안 야경 투어에 나섰다. 도시 전체가 불야성이었다. 투본강에 불빛이 고스란히 담겼다. 어디가 강이고 어디가 거리인지 헷갈렸다. 세상의 빛이 모두 한곳에 모인 느낌이었다.

야경 투어의 마무리는 '소원 배'에 올라 '소원 등 띄우기'였다. 배마다 소원 등이 가득해 휘황찬란했다. 소원 등에 담을 나의 소원은 오직 하나였다. 정성을 다해 마음으로 비단을 짰다. 소원을 비단 위에 올려놓고 곱게 싸맸다. 합장하고 비단에 싸인 소원을 등에 실어 띄웠다. 한동안 눈앞에 머물던 등이 미끄러지듯 조용히 흘러갔다.

다음 날 '바나힐 테마파크'로 향했다. 프랑스 식민지 시절에 만들어진 휴양지이다. 고도가 높은 탓에 서늘해서 휴양지로서는 최적이란다. 다낭의 랜드마크인 거대한 손 모양의 '골든 브릿지'가 거기에 있다. 5㎞ 길이의 케이블카를 타고 산림이 우거진 바나산의 절경을 감상하며 20분 남짓이면 정상에 도착한다.

그곳은 판타지다. 상상 이상이다. 규모나 다양한 시설이 어마어마하다. 다 둘러보고 체험한다는 것은, 애당초 불가능해 보였다. 그중에서 내게 인상적이었던 것은, 유럽의 고성을 연상시키는 '썬월드 테마파크'였다.

여기서는 4시간의 자유가 주어졌다. 동행하자는 일행이 없었던 것은 아니지만, 나만의 시간을 갖고 싶었다. 높은 곳에 자리한 전망 좋은 카페를 찾았다. 흑맥주 한 잔을 주문했다. 흑맥주는 집사람이 즐기던 맥주다. 아내와의 추억을 담아 마시며, 지난날을 회고하고 미래의 설계도를 재점검했다. 이번 여행의 하이라이트였다. 저만치 곳곳에 우리 일행이 점점이 흩어져 보였다.

저녁 후 '차밍 다낭 쇼'를 관람했다. 한 시간 남짓 진행되었다. 쇼는 참파시대의 압살라 춤, 아오자이 쇼, 베트남 전통 혼례 등으로 꾸며졌다. 그들의 전통문화와 풍습이 음악에 맞추어 화려한 색감의 퍼포먼스로 연출되었다.

쇼의 감동과 여운이 쉬 가시지 않았다. 그런데 또 하나의 즐거움이 우리를 기다리고 있었다. 베트남 전통 마사지였다. 정확하게 한 시간 진행된 마사지는, 그간의 피로를 말끔하게 씻어주었다. 그날 밤 푹 잤다.

베트남을 떠나는 날이다. 행복한 시간은 왜 그리 빨리 날아가 버리는 것일까. 아쉬운 마음을 달래며 짐을 챙겼다. 3일 동안 나만의 궁전이었던 방이었다. 그곳에서 수많은 상념을 떠올리고, 하모니카를 연주하고, 힐링하면서 나를 살찌웠다.

체크 아웃 후 맨 먼저 '다낭 대성당'을 찾았다. 1923년에 중세 건축 양식으로 지어진 가톨릭 성당이다. 연분홍 외관 때문에 '핑크 성당'이라고도 불린다. 70m 높이의 첨탑 꼭대기에는 수탉 모양의 풍향계가 있어 현지인들에게는 '수탉 성당'이라 불린다. 사진 명소로 사랑받는 곳이다.

다음에 찾은 곳은 손짜 반도에 자리한 '린응사'였다. 베트남에서 가장 큰 '해수관음상'이 있어 '관음사'라고도 불린다. 불상은 높이가 30층에 버금가는 67m에 이른다. 슬픈 사연이 담긴 사찰이요 관음상이다.

베트남 전쟁이 끝날 무렵 공산화를 두려워한 많은 사람이 해외로 탈출했다. 공항과 항구가 이미 폐쇄된 터라, 그들은 작은 배에 몸을 싣고 무작정 바다로 향했다. 이른바 '보트 피플'이었다. 정확한 통계 자료는 없지만 대략 이삼백만 명으로 추산된단다. 그들 중 다수가 난파로 사망하였다. 훗날 살아남은 이들이 성금을 모아 바다에서 목숨을 잃은 이들을 추모하기 위해 사찰과 관음상을 세웠다.

　마지막으로 들른 곳은 '미케 비치'였다. 10㎞가 넘는 하얀 백사장이 끝없이 펼쳐진 곳이다. 미국 잡지 '포브스'에서 선정한 '세계 6대 비치'로 꼽힌다. 백사장을 한참 동안 걷고 맑은 물에 발을 담그며 여행을 정리했다.

　문득 돌아보니 시들한 노인 대신 생기발랄한 이팔청춘이 아름다운 '미케 비치'를 걷고 있었다. 마법 같은 여행이었다.

어쩌다가 반장

 봄 학기가 한 달쯤 지난 어느 날이었다. 교수님이 수업에 앞서 "제가 당분간 반장을 맡겠습니다."라고 말씀하셨다. 깜짝 놀랐다. 교수님이 반장을 맡으신다니, 아무리 생각해도 황당했다.
 저간의 사정은 이랬다.
 내가 공부하는 평생교육원에는 수필 반이 지금은 둘, 전에는 셋이 있었다. 반마다 이·삼십 명이 배우는 터라, 편의상 반마다 반장을 뽑는다. 때로는 총무를 두어 반장을 돕는다.
 십 년 전에 재학생과 졸업생이 힘을 합쳐 '문학회' 하나를 만들었다. 그곳에는 회장, 사무국장, 편집국장 등이 있다. 해마다 회원의 글을 모아 문집을 펴내거나 문학기행을 다녀오고 특강을 듣기도 한다.
 올해, 문학회의 사무국장 겸 우리 반 반장을 맡았던 분이 회장이 되었다. 우리 반 반장이 공석이 된 것이다. 교수님과 몇몇 분들이 모여 후임 반장 선출을 논의했던 모양이었다. 할 만한 분들의 의사를 타진한 결과 이런저런 사정으로 맡겠다는 사람이 없었다. 고심 끝에 교수님이 당분간 반장을 맡겠다고 결심한 것이다.

곧바로 어떤 분이 손을 들어 발언권을 얻었다. "안 될 말씀입니다. 어떻게 교수님이 반장을 맡아요. 그것은 우리 얼굴에 먹칠하는 거예요." 교수님이 "그러면 선생님께서 맡아주세요."라고 부탁드렸다. 그분이 "안 돼요. 저는 할 형편이 못 됩니다."라고 정중하게 거절했다. 교수님이 말씀하셨다. "그러니 제가 할 수밖에요."

내가 일어났다. "교수님과 여러분이 괜찮다면 제가 해보겠습니다." 교수님이 '선생님도 반장 후보로 거론됐는데 나이가 많아 예우상 제외했었다.'라며 "그럼 좋지요."라고 말씀하셨다. 이어지는 벗들의 우레같은 박수로 내가 반장이 되었다.

박수가 요란하게 울리는 중에 한 분이 벌떡 일어나 큰소리로 외쳤다. "총무는 제가 맡겠습니다." 뜻밖의 자원에 모두 어리둥절했다. 그는 덩치만큼 선이 굵은 사람이었다. 실제로 회사를 몇 개 경영했던 분이다. 군대로 말하면 군단장이나 참모총장감이지 참모로는 절대로 어울리지 않는 사람이다.

내가 취임 인사 겸 한마디 덧붙였다. "총무님과 함께 여러분을 성심껏 모시겠습니다." 다시 한번 함성과 함께 박수 소리가 교실 안에 울려 퍼졌다.

이렇게 일머리 없는 두 사람이 엉겁결에 반장과 총무가 되었다. 그러나 무늬만 반장이요 총무지, 실제로는 회장이 된 전 반장님이 우리 반 살림을 도맡아 했다. 그는 부지런하고 탁월한 일꾼이다.

그는 한 번도 예외 없이 제일 먼저 등원한다. 그날 공부할 교재를 인쇄소에서 찾아와서 말이다. 맨 먼저 커다란 주전자 두 개에 물을 채워 끓인다. 그리고 차와 컵, 간식 등을 챙긴다. 여름이면 에어컨, 겨울에는 난방 켜는 것도 잊지 않는다. 벗들이 하나씩 교실에 들어설 때면, 그는 일어나 반갑게 인사하며 교재를 일일이 나눠준다. 수업이 끝나면 뒷정리도 그의 몫이다. 성품처럼 깔끔하게 마무리한다.

내가 반장이 된 후에도 변함이 없다. 내가 그분 일을 덜어준 것이란, 점심 예약과 회비 관리 정도다.

이십 명이 넘는 사람들이 한 곳에서 식사하려면 주문이 만만치 않다. 사람마다 식성이 다르고 모두 바빠 식사를 빨리 끝내야 하기 때문이다. 회장님은 주문받는 일을 잘한다. 짧은 시간에 주문을 마치고 찻집에서 마실 차 종류와 숫자까지 파악한다. 덕분에 밥과 차를 빨리 먹고 마실 수 있다. 그런데 놀라운 것은, 이런 일을 아주 조용하게 물 흐르듯 처리한다는 것이다.

새 반장과 총무로 뽑힌 뒤 우리가 주문을 받아보았다. 시끄럽기만 하지 진척이 없었다. 보다 못한 회장님이 다시 나섰다. 비로소 조용하게 밥을 먹고 차를 마셨다. 우리는 진짜로 무늬만 반장 총무다.

보기 딱했던지 전 총무가 도와주겠다고 나섰다. 그는 행정 능력이 매우 뛰어난 분이다. 도청 산하 단체 중 하나를 맡아 오랫동안 봉사한 경력도 있다. 그의 제안으로 셋이 만났다. 역할 분담을 논의했다.

반장은 회비 관리와 식당 예약, 총무는 힘쓸 일이 있을 때 힘쓰는 일, 그는 음식과 차 메뉴 주문받기로 정했다. 이야기를 마친 후 그가 물었다. "내 직함은 무엇인가요?" 이런저런 의견이 오갔다. 마땅한 직함을 찾기 어려웠다. 궁리 끝에 그가 "'재무'로 하지요."라고 제안했다. 행정의 달인답게 그의 일머리는 훌륭했다.

회장님은 혼자서도 잘해 낸 일을 셋이나 달라붙자니 소꿉놀이도 아니고, 내가 보아도 우습긴 했다. 겁 없이 일을 떠안은 나와 총무도 그렇지만, 딱한 처지를 보아넘기지 못한 '재무'도 딱하긴 마찬가지였다.

헤어지고 돌아오는 시내버스 안에서 여러 생각이 스쳤다. 능력이 뒷받침되지 않는 사람들이 마음 하나로 일을 떠안는 게 얼마나 위험하고 힘든지 새삼 깨달았다. '세상사 참 어렵다.'라는 소회를 떨칠 수 없었다.

교수님과 벗들은 예전보다 지내기 불편할 것이다. 때때로 보기 민망하고 딱하기도 할 것이다. 그러나 어쩌겠는가. 이렇게라도 급한 불은 꺼야지. 서로가 답답할 뿐이다.

그래도 불편하고 답답한 것은 참을 만하다. 혹시라도, 아니 만에 하나라도 말이다. 반원 중 누군가가 우리 셋을 바라보며 '바보들의 대행진'이란 말을 떠올리기라도 한다면 어쩔 것인가. 순간 머리카락이 쭈뼛 솟았다. 하지만, 효율이 강조되는 이 세상에서 어리숙한 사람들이 순수한 마음으로 하나 되어, 거친 물살을 헤쳐나가는 모습도 보아줄 만하지 않을까 하는 생각으로 스스로 위로하였다.

'어쩌다가 반장'이 된 내 탓에, 두 분이 욕되지 않기를 바랄 뿐이다.

앤디 워홀과 함께 쫑파티를

와, 종강이다! 기껏해야 한 주, 길어 봤자 두 주 간 쉬는 건데 종강이 기쁜 건 왜일까. 누가 시켜서 하는 일도 아니고, 내가 좋아 선택한 평생교육원인데도 밀이다. 막상 방학이랍시고 집에서 쉬면 무료하고 지루하다. 벗들이 보고 싶고 수업 후 함께하는 점심 한 끼와 식후 차담이 그리워진다.

아무래도 어린 시절의 방학이 연상되어서 그럴 게다. 그 시절 여름, 겨울 한 달 동안의 방학이 얼마나 달콤했던가! 요즈음과 달리 학원이나 보충수업도 없었다. 적지 않은 숙제가 있긴 했지만. 개학 앞두고 사나흘 몰아서 해치우면 끝이었다. 오죽하면 반세기도 더 지난 지금도, 이따금 꿈속에서 방학의 달콤함을 맛볼까.

종강의 기쁨과 설렘을 황혼 녘에도 맛보게 된 것은 수필 반에 입학한 후였다. 몇 년 전 가을학기에 입학한 나는 서너 달 후에 종강을 맞이했다. 종강을 앞둔 어느 날 반장님의 안내가 있었다. '다음 주는 종강이라 한 시간만 수업하고 서곡에 있는 호텔 뷔페식당에서 점심을 한 후에 헤어진다.'라는 내용이었다.

처음 방문한 그곳은 넓고 깨끗해서 좋았다. 커다란 창 너머 시야가 탁 틔었다. 다양한 음식이 줄지어 나를 반겼다. 말쑥한 직원들의 매무새도 마음에 들었다. 예쁜 여직원 둘이 한쪽에서 두 손을 가지런히 모으고 우리를 도와주기 위해 기다리고 있었다. 도움을 청하면 재빠르게 달려와 해결해주었다. 무엇보다 '내가 대접받는 사람'이구나 하는 생각이 들어 뿌듯했다.

벌써 몇 번이나 그곳에서 호사를 누렸다. 더욱이 이번에는 '팔복예술공장'에서 'OH! MY 앤디 워홀 전'을 감상할 계획이라는 말에 가슴이 풍선처럼 부풀어 올랐다. 앤디 워홀과 함께 쫑파티를 하다니, 나를 살짝 건들기만 해도 '빵!'하고 터질 것만 같았다.

부끄럽지만 '팔복예술공장'을 처음 알았다. 그리고 낯설었다. '예술공장'도 그렇고, 공업단지에 '예술'도 어울리지 않아 보였다. 그곳을 지나칠 일이 없었고, 세상의 변화에 무딘 내 탓이었다.

'OH! MY 앤디 워홀 전'은 '카세트 테이프'를 생산하던 공장 터에서 열리고 있었다. 한때 청소년뿐만 아니라 온 국민의 사랑을 받았던 제품이, 디지털 시대를 맞아 순식간에 사라져버렸다. '코닥 필름'처럼 말이다.

팔복동 공업단지에도 변화의 물결이 훑고 지나간 모양이었다. 무리가 아니었다. 세상에 변하지 않는 것은 단 하나, '변하지 않는 것은 없다.'라는 사실뿐이다. 있던 것이 없어지기도 하고, 없던 것이 생겨나기도 하는 게 세상 흐름이다.

용의주도한 회장님이 미리 해설을 부탁해 놓았다. 관람은 한 시간 남짓 진행되었다. 해설사는 앤디 워홀의 생애는 물론, 전시된 작품 상당수를 꼼꼼하게 설명해주었다. 스물댓 명의 우리 일행은 말 잘 듣는 유치원생이었다. 모두 귀를 쫑긋 세우고 듣는 모습이 보기 좋았다. 우리는 설명 듣는 것에만 만족하지 않고 질문도 자주 하였다. 그것도 수준 높은 질문으로….

나는 앤디 워홀을 이번에 처음 알았다. 이 또한, 부끄럽다. 그러나 〈마릴린 먼로〉는 눈에 익은 그림이었다. 〈코카콜라〉, 〈달러〉, 〈엘비스 프레슬리〉도 마찬가지였다. 내가 몰랐을 뿐이지 그의 작품은 우리 삶 속에 깊고 넓게 자리하고 있었다. 그의 창의력이 돋보였다.

그는 미국 펜실베이니아 주 피츠버그에서 1928년에 태어났다. 그의 부모는 가난을 피해 체코슬로바키아에서 온 이주민이었다.

어린 시절, 그는 대부분 시간을 할리우드 스타들의 사진을 스크랩하거나 폴라로이드 코닥 카메라를 찍으며 보냈다. 그가 두각을 드러낸 건 대학을 졸업한 후 뉴욕에 진출하면서부터였다.

먼저, 유명 잡지사에서 일러스트 작업을 하며 명성을 쌓았다. 이어 자신의 스튜디오에서 실크스크린 기법으로 그의 대표작들을 그려냈다. 순식간에 그는 팝 아트의 거장이 되었다.

그는, 예술가는 배고픈 직업이라는 사회적 인식을 깼다는 점에서 특별하다. 또한, 현대미술에서 소비문화, 대중문화, 광고, 세련된 소비재 등을 소재로 하여 예술적으로, 대중적으로, 상업적으로 작품을 성공시킨 예술가였다.

　우리는 길을 걷는다. 편하게 걷는다. 마치 길이 태초부터 있었던 듯이 말이다. 우리는 맨 처음 걸은 이의 용기와 창의력을 기억하지 않는다. 앤디 워홀은 상업 예술의 길을 처음 내고 걸은 사람이었다.

　옆 건물에서는 '전주국제그림책도서전'이 열리고 있었다. 호기심 많은 우리는 그곳도 놓치지 않았다. 권윤덕 작가의 작품을 살펴보았다. 나는 그동안 그림책을 설렁설렁 넘겼었다. 그림 하나하나의 '디테일'을 놓친 채 말이다. '아는 것만큼 보인다.'라는 말이 있다. 책 전시 관람을 통해 내 시야를 아주 조금 넓힌 소중한 하루였다.

　앤디 워홀과 권윤덕을 통해 메말랐던 내 정신과 영혼의 밭이 촉촉해졌다. 몸도 산뜻해진 기분이었다. 역시 사람은 빵만으로 사는 존재가 아님을 확인했다. 앞으로는 더 자주 문화 산책에 나서리라 다짐했다.

　예술 세계를 엿보도록 기회를 마련해주신 교수님께 감사했다. 그분은 이따금 세상의 구석진 소식도 전해주신다. 우리 글 농사 솜씨가 날로 성장하도록 돌봐주시는 일은 두말할 나위가 없다. 그분의 열정과 헌신이 내 삶을 윤택하게 가꾸고 있음을 새삼 확인했다.

　시간에 맞춰 그날의 우리 로망인 뷔페식당으로 옮겼다. 다정한 벗들과 우리만의 공간에서 꿀이 뚝뚝 떨어지는 달콤한 시간을 보냈다. 이 멋진 여정에 '어쩌다가 반장'이 된 내 작은 손길이 더해졌다는 사실에 기쁨을 억누르기 어려웠다. 한 학기를 잘 갈무리한 성취감이 월계관처럼 내 머리에 씌워진 기분이었다.

쫑파티는 언제라도 즐겁다. 하지만 앤디 워홀과 함께한 쫑파티는 여느 쫑파티와 달라도 한참 달랐다. OH! MY 앤디 워홀!

김낙완 수필집

애
비

인쇄 2024년 9월 25일
발행 2024년 9월 30일

지은이 김낙완
발행인 서정환
펴낸곳 신아출판사
주소 서울시 종로구 삼일대로 32길 36(익선동 30-6 운현신화타워 빌딩) 305호
전화 (02) 3675-5633, (063) 275-4000, (063) 251-3885
팩스 (063) 274-3131
이메일 essay321@hanmail.net   sina321@hanmail.net
출판등록 제300-2013-10호
인쇄·제본 신아문예사

저작권자 ⓒ 2024, 김낙완
이 책의 저작권은 저자에게 있습니다. 서면에 의한 저자의 허락없이 내용의 일부를 인용하거나 발췌하는 것을 금합니다.
저자와 협의, 인지는 생략합니다.
잘못된 책은 바꿔 드립니다.

ISBN 979-11-94198-47-5 03810

값 15,000원

Printed in KOREA